「察しない男」と「説明しない女」のモメない会話術

五百田達成
Iota Tatsunari

Discover
ディスカヴァー

「察しない男」と「説明しない女」のモメない会話術

はじめに

こんにちは！　五百田達成と申します。

この本は、男と女のすれ違いをなくすために作られた、今までにない「会話ハンドブック」です。

職場や家庭、友人との雑談や恋人同士の会話で、イライラしたりケンカになったりしたことはありませんか？

良かれと思った行動が相手を怒らせてしまったり、なにげないひとことでとんでもないバトルに発展したり。

「どうして、あの人は私の気持ちをわかってくれないんだろう？」

「なぜ、彼女には僕の意図が正しく伝わらないんだろう？」

それはあなたが「男語」と「女語」の存在に気づいていないからです。

あまり知られていないことですが、「男語＝男の考え方・話し方」と「女語＝女の考え方・話し方」は、同じ日本語でもまったく違います！

その違いたるや、実に「通訳」が必要なほどです。

昨年刊行した『察しない男 説明しない女　男に通じる話し方 女に伝わる話し方』（ディスカヴァー）は、おかげさまでとても好評を得ることができました。

男と女がすれ違う理由を、脳の構造や心理面・社会背景から説明し、どうすればお互い気持ちよく会話できるかを解説した『察しない男　説明しない女』には、

「男性以上に頑張ってきたつもりなのに、私だけ評価されないと、ずっと悩んでいました。この本を読んで話し方を変えたところ、上司から評価されることが増え昇進することができました」

「セクハラやモラハラにならないか心配で、必要以上に距離をおいていた女性社員との会話がスムーズにできるようになった」

「結婚して10年。子どもの手が離れ、少しずつ好きなことができると思った矢先に、やたら夫と口ゲンカが増え、参考のために購入しました。夫の脳の中身を知ることができ、ケンカが減りました」

などなど、たくさんの嬉しい感想が寄せられました。

ところが一方で、

「男と女が違うってことはよーくわかった。じゃあ一体どうすればいいか、具体的に教えてよ！」

「頭ではわかっても、とにかくムカつくし、面倒くさい！『てっとりばやくこれさえ言っておけばＯＫ』っていうフレーズはないの？」

という声（お叱り？）も多数いただきました。

そこで今作では、「とにかくモメずに、平和に、言いたいことを相手に伝える」ための会話例を、たっぷり紹介します。

上司・同僚・部下、夫婦や恋人同士、友達やご近所さんに対して、まさに「これさえ言っておけば、うまくいく」「異性間のトラブルは、このひとことで丸くおさまる」という万能便利フレーズが満載です！

最後に、本書で言う「男」「女」とは、性別そのままの意味ではないことをお断りしておきます。

当たり前ですが世の中には、性別は男性でも、とても女っぽい考え方・話し方をする人もいますし、逆に性別は女性でも、極めて男らしい感じ方・伝え方をする人もいます。

「世の中的に男っぽいとされる考え方・話し方をする人＝男・男性・男語」

「世の中的に女っぽいとされる考え方・話し方をする人＝女・女性・女語」

12ページの「コミュニケーションタイプチェックシート」を参考に、「自分はどちらのタイプかな？」「目の前の相手はどちらのタイプかな？」「なるほど、だからすれ違うのか」……。そんなことを考えながら読み進めてみてください！

目次

第3章 日常編

単なる日常会話と思うなかれ。
雑談を制するものはすべてを制す！

第4章 恋愛編

できればモメたくないこんなとき、あんなとき……
「男語」と「女語」を使い分ければ、もう怖くない！

第5章 家庭編

家庭では妻が「社長」で、夫が「副社長」。
一つの会社を経営するのに、モメてる暇はない！

あなたは男？女？のはどっち？

コミュニケーションタイプチェックシート

Aの数を数えてください

❶ 仕事でほめられるときには

A:「すごい!」と言われたい

B:「頑張ったね!」と言われたい

❷ どちらかというと

A:黙っていたい

B:話していたい

❸ 好きな言葉は

A:「成長」

B:「変身」

❹ 好きな人からは

A:「あなたが一番」と言われたい

B:「あなたは特別な人」と言われたい

❺ 家に帰ったら

A:休みたい

B:あれこれ片づけたい

❻ 好きなテレビ番組は

A:スポーツ

B:ドラマ

❼ 仕事での失敗、反射的に思うのは

A:責任を取りたくない

B:怒られたくない

あなたが当てはまる

8 ケンカのとき、心の中で思っているのは

A:「絶対に謝らない」

B:「謝って済むなら、謝っちゃえ」

9 どちらかというと自分は

A:いつも自信満々

B:いつも自信がない

10 記念日に行きたいのは

A:行きつけの店

B:最近ニューオープンの店

11 優先したいのは

A:「えらい人から振られた仕事」

B:「仲のいい人から頼まれた仕事」

12 最近した買い物は

A:調べて比べて買った

B:パッと見で気に入って買った

13 偉人の名言は

A:グっとくる

B:ピンとこない

14 大災害。とっさに守るのは

A:自分

B:家族

集計方法

右の表からA、Bあてはまるものを選び、Aの数を覚えてください。次ページであなたのタイプをチェックしましょう。

診断結果

ド男

Aが11〜14の人

コミュニケーションタイプ

非常に「男」的な会話をするタイプ。もしあなたが女性なら、学生時代は「女子の人間関係」に苦労したのでは?

男

Aが7〜10の人

コミュニケーションタイプ

やや「男」寄りの会話をするタイプ。もしあなたが女性なら、非常にサバサバしていて、男友達も多いタイプでしょう。

女

Aが
4〜6
の人

コミュニケーションタイプ

やや「女」寄りな会話をするタイプ。もしあなたが男性なら、女性から「話しやすい人」だと思われているでしょう。

ド女

Aが
0〜3
の人

コミュニケーションタイプ

非常に「女」的な会話をするタイプ。もしあなたが男性なら、男性より女性と話しているほうが楽だと感じるでしょう。

いかがでしたか？

これは生物学的な男女の分類でも性格診断でもなく、あくまでコミュニケーションタイプのチェックです。自分は男寄りか、女寄りか？把握できたら、さっそく状況ごとに見ていきましょう。

男と女の
違いがわかれば、
言いたいことが
きちんと伝わる!

第1章

基本編

男と女は、物事の感じ方がまったく違います。その違いを理解していれば、同じ意見・気持ちを伝えるにしても、モメることなくコミュニケーションをとれます。ここでは、男と女の差が一番出やすい、基本的な会話を見ていきましょう。

男は察しない 女は説明しない

男→女 ｜ 買い物中に妻から「お茶しない？」と誘われた

女「ちょっとコーヒー飲みたくない？」

男 **「うーん、僕はいいや」**

女「……（休憩したいのに、どうして察してくれないの？）」

女→男 ｜ 休みの日に、いつまでも夫がゲームをやっていて腹が立つ！

男「よっしゃ！　3面クリアできた！」

女 **「ねぇ！　久しぶりの休日なんだけど？」**

男「……（あれ？　なんか機嫌悪い？）」

なぜ通じない？

男は察しない　女は説明しない

男と女の会話のすれ違い。その最も大きな原因は、男は「相手の感情や気持ちを察するのが致命的に苦手」で、女は「そのことがわかっていない」という点にあります。

女性はもともと人の顔色を察することが得意です。太古の昔から、女性は物言わぬ赤ちゃんの顔色を見て健康状態をすぐに察知してきました。ある調査によると、女性はピンクから紫の間の色を、男性よりも敏感に感じ取る人が多いそうです。**相手の顔色をうかがい、胸の内を察することにかけて、男性は女性に圧倒的に水をあけられているのです。**

さらには、日本語自体がそもそも「察する言語」と言えます。英語と違って主語が曖昧で、「あれ」や「これ」などの指示語が多く、ニュアンス勝負の日本語をたくみに操る……。日本人女性は世界で有数の「人の心を察する」達人と言えます。

ところが、女性は察することが得意な反面、「言葉できちんと説明する」ことを、はしょってしまいがちです。

例えば、女性同士の会話では「(外が) ずいぶん暗くなってきたわね」と言ったら、相手はその言葉の裏にある意味を「察し」て、「あらほんと。じゃあ、そろそろお開きにしましょうか」と言ってくれます。しかし男性相手にこれをしても「外が暗い」というのは事実でしかないので「ああ、そうだね（それがどうした?）」などと言われてしまうでしょう。女性からしてみれば「そうじゃない！　そろそろ帰りたいという意味だったのに……」と思うところですが、男性からすれば「ちゃんと説明してよ」と困惑することに。

私が懇意にしている、ある女性編集者のエピソードです。普段の彼女はテキパキと仕事をこなし、とても論理的かつ合理的に物事を進めます。ビジネスの現場では男性が多いことをきちんと意識して、会話では結論を最初に話すし、曖昧なことを言わないので、周囲からもとても信頼されています。けれどもそんな彼女でも、一歩仕事の場を出てリラックスすると、急速に「察してモード」に切りかわってしまうのだとか。

彼女が夫婦で海外旅行に行ったとき。土産物店で気に入ったグラスを見つけた彼女は「このグラスって、包装してもらえるのかなあ」と夫に聞いたのですが「さあ。どうだろうねえ?」と返され、思わずキレてしまいました。「『さあ。』じゃなくて、『英語が得意なあなたに、店員に尋ねてほしい』という意味に決まってるじゃない！」と。**彼は「なんだよ。最初からそう言ってくれればいいのに」と答えたのですが、その言葉がさらに彼女を怒らせてしまいます。**「『言ってくれればやったのに』という態度が、また腹が立つのよ。

それくらい察してよね！」と。まさに、「察しない男」と、「説明しない女」によるすれ違いの典型例です。

男は共感を　女は解説を

このようなすれ違いをなくすためには、男性は「女性は『テレパシーで会話したがるエスパー』なのだ」という認識を十分に持ったうえで、なんとか言葉の裏の意図を探りましょう。残念ながら、その努力は大抵失敗に終わるのですが、少なくとも、額面通りに受け取って対処するよりはましです。「察しよう」としさえすれば、その頑張りを、彼女たちは「察し」てくれるのですから。

一方、女性は自分の感情をきちんと言葉にして説明するクセをつけるべきです。ゲームばかりする夫にイラっとして「今日久しぶりの休日なんだけど?（1人で遊んでいないで2人でどこかに出かけようよ）」と言ったとしても、その本意（カッコ書きの部分）は絶対に男性には伝わりません。

「一緒に過ごしたい」とはっきり伝え、男性が現実的な対処ができるように言葉を選びましょう。面倒くさくても、「察して」ほしくても、説明する言葉をサボってはいけません。

○ そうか！こう言えばよかったんだ！

男→女 | 買い物中に妻から「お茶しない？」と誘われた

女「ちょっとコーヒー飲みたくない？」

男 **「いいね。飲もうか？」**

女「よかった。足が疲れちゃって」

男「そっか！　じゃあ休憩しよう」

女性の言葉は、まずはそのまま受け止めて、様子を見る習慣を。一呼吸おくことで相手もリラックスできて、言葉の裏の真意を話し始めてくれます。

女→男 | 休みの日に、いつまでも夫がゲームをやっていて腹が立つ！

男「よっしゃ！　3面クリアできた！」

女 **「久しぶりの休日だから、一緒に買い物に行こうよ。3時すぎに家を出るのはどう？」**

男「オッケー！　じゃあ、そうしよう」

イライラを察してもらうことはひとまずあきらめて、「してもらいこと」に導いたほうが得策です。あるいは「怒ってます」と自分の感情をそのまま説明するという手も。

図解でまるわかり！　男女の違い

「男と女。欧米と日本。」

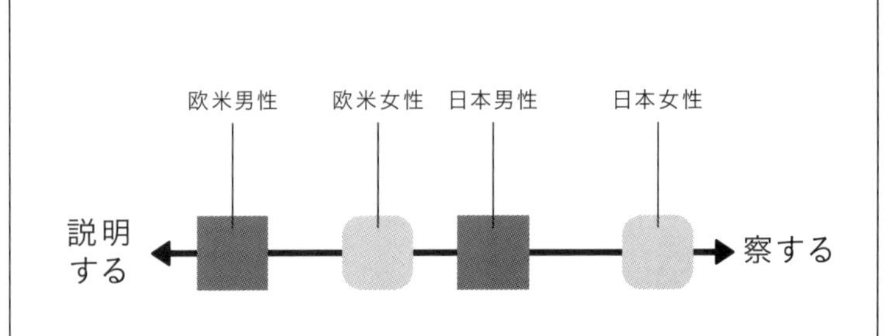

実用的で論理的な英語は、男性寄りの言語。情緒的で「わび・さび」を表現する日本語は、女性寄りの言語。

男女間のすれ違いは、日本人が外国人と接するときに感じるストレスと似ています。例えば、海外とのビジネスでは、「I think〜(私はこう思う)」と話し出すと、自信がないと思われてしまいます。若いときからロジカルシンキング（論理的な考え方）やディベート（議論）を叩き込まれる欧米人に比べたら、日本男性も「察する」文化側。「察しない」欧米男性が女性へのホスピタリティに長けているのは、単に「そうすべき」と教育されているからです。

男は結論を出したい
女はただ話したい

✕この言い方では100％モメる！

男→女 ｜ 女性の同僚から、後輩社員が倒れたと聞かされた

女「今日、○○ちゃんが倒れちゃって大変だったんだー」

男**「なんで？　病院には行かせた？いつ戻れるの？」**

女「……」

女→男 ｜ 男性上司から今日の営業の結果について聞かれた

男「今日の訪問はどうだった？」

女**「聞いてくださいよー、今日は○○さんが同席してきて、空気が違っちゃって」**

男「……」

男は結論を出したい　女はただ話したい

多くの男が「女はどうして話が長いんだろう？」「結局、何が言いたいの？」と感じています。**これは男が「会話は結論を出すためにするもの」と考えているから。**求められていないのに勝手にアドバイスをしたがるのも、「会話には結論や解決策がなければいけない」と思い込んでいるのが理由です。

そんな男性たちが好きなのは、職場の会議やプレゼンテーションの場。「議論を重ねて決断を下す」「説得して契約を勝ち取る」といったはっきりとした目的があるので、男性としては一直線にゴールに向かいやすく、気持ちがいい。

一方女にとっては、「会話を楽しむこと」自体が会話の目的です。カフェやレストランで「そういえば、こんなことがあってさ〜」「へえ〜」「そういえば私もこの間ね……」などと、他愛もない会話を何時間も延々と続けている女性たち。ルールもなければゴールもなく、子どもの話から始まって、芸能人の噂話、旅行の話と、話題もどんどん入れ替わります。

男性が「本題からずれる」「横道にそれた」と感じるような会話も、女性にとっては重要な「本題」。なぜなら話すことで気持ちをやりとりすることこそが目的なのですから。それに巻き込まれた男性がしびれを切らして「話を戻そうか」などと言ってしまうと、その一言で女性は「プンッ」と不快な気持ちになります。

男は情報を交換する　女は感情を交換する

こうした会話に対する姿勢の違いが、男女のすれ違いを生むことが多くあります。

知人の経営者は気さくで明るく、頭もいいのでとても信頼されている男です。彼は普段はふざけて冗談なども言うのですが、ビジネスとなると、とことん男性的な会話を求めます。

先日、ある女性社員がなかなか取引先とのミーティング報告をあげてこないので、そのことを彼が催促。すると「お忙しそうだったので、話しかけられませんでした」と言われ、あぜんとしたそうです。気を取り直して「俺が忙しいかどうかは俺が決める。勝手に判断しないでちゃんと話しかけてこい」と言うと、彼女は「そんな……。私のこと嫌いなんですか？」と顔を曇らせたそうで、再びあぜん。

「好きとか嫌いとか、そんなことは一切言っていない。事実を報告してほしいと言っているだけなのに」というのが彼の言い分です。「できれば、仕事の報告は全部英語でしてほしいくらい。英語だったら余計な要素がなくなるだろうから」とも（笑）。

これは極端な例かもしれませんが、男性と女性考え方の違いを顕著に表している例でしょう。

「会話とは、情報を交換し結論を出すための場」と考えている男性経営者に対して、女性社員は「会話とは、お互いを気づかいながら気持ちをやりとりする場」と考えているわけです。

一般にビジネスの場では、論理的な会話が求められ、結論をシンプルに話すことが好ましいとされています。どうしても「気持ち」を伝えてしまいがちな女性は、まずは一度結論を伝えてから、次に、どう感じたのかを言う、という順番を心がけましょう。

一方男性は、女性が会話において必ずしも結論を求めていないことを知りましょう。

大事な仕事の会話でなければ、むやみに結論や理由を要求しないこと。

特に「大変だった」「困った」などと、気持ちをぶつけられたときにはそのまま受け止めて、辛抱強く最後まで話を聞くことを心がけてみてください。

○ そうか！こう言えばよかったんだ！

男→女　女性の同僚から、後輩社員が倒れたと聞かされた

女「今日、○○ちゃんが倒れちゃって大変だったんだー」

男 **「えー！　それは大変だったね」**

女「そうなの。あわてて病院に運んだんだけど大したことはなかったみたいで……」

「大変だった」「ムッとした」「嬉しかった」「悲しかった」などの感情ワードは特に、受け止めることが大事。困ったときはそのまま「オウム返し」でもＯＫ。

女→男　男性上司から今日の営業の結果について聞かれた

男「今日の訪問はどうだった？」

女 **「今日は受注に至りませんでした。○○さんが突然同席されて、契約に難色を示しまして」**

男「では、対策を立てないとね」

ビジネスの現場では特に、結論から話すことを意識。結論を伝えたあとであれば、「気づいたこと」や「感じたこと」を話しても、受け入れられやすくなります。

図解でまるわかり！　男女の違い

「会話のゴール」

男	女
結論というゴール	気持ちの交換というゴール

男は会話することで、課題を解決する手立てを考え、最終的には結論を出すことを求めます。女は会話することで、その話題に対する気持ちを交換し、お互いの理解を深めようとします。

男性に伝わりやすい話し方としては、「ポイントは３つあります」「結論から言うと……」などがあります。逆に、男性の話を受け止めるときは「確かに○○さんのおっしゃる通りです」「なるほど、納得しました」などと言うといいでしょう。一方、男性は女性に一方的に話すのではなく、「君の考えも聞かせてほしい」「どう思う？」などと、ところどころでやりとりを挟みましょう。そのうえで、「そうだよね」「わかるよ」「○○さんは、そう考えたんだね」など、共感を示しながら話を進めます。

男は序列を重んじる
女は調和を重んじる

✕ この言い方では100％モメる！

男→女 | 妻の友人が、近々結婚するらしい

女「○○ちゃん、今度結婚するんだって！
結婚式、楽しみだな～！」

男「**ふ～ん**（○○ちゃんのことよく知らないしな）」

女「……（私の友達のこと、大切じゃないの？）」

女→男 | 学生時代の男友達が、会社でリーダーに抜擢されたらしい

男「俺、今度、チームリーダーになったんだよ」

女「**へえ～**（よくわからないしな）」

男「……（自慢したかったのに）」

男は序列を重んじる　女は調和を重んじる

男の子は小さい頃からスポーツ、特に集団で勝ち負けを争う野球やサッカーに慣れ親しみながら成長します。

たとえば、野球において、すべての最終決定権は監督にあります。監督が「バントしろ」と言えば絶対にバント。そのサインを無視して「打ちたくなったんで、打っちゃいました」という個人の勝手は許されません。言われた通り、1番は1番の仕事、4番は4番の仕事をするのが正しいし、かっこいいことだと教えられて育ってきたのです。

ですから、男性は、ビジネスの現場で求められがちな上下関係に比較的あっさりなじむことができます。「新入社員はまずコピー取りから」に疑問を持たないし、上司と部下の身分格差も甘んじて受け入れる。つまり縦社会に慣れているのです。

一方で、女の子の遊びの定番といえば「ままごと」や「ごっこ遊び」です。ままごとには勝ち負けはなく、ゴールもありません。「みんなで仲良く遊ぶ」ことが目的です。役割分担もそれほど明確ではなく、今日のお母さん役が明日のお父さん役になったり。「とにかく和気あいあいとした空気を作って、壊さないこと」を大切にします。**彼女たちにとって大事なことは、「和」を乱さない配慮。**つまり、協調性です。そのためには相手の顔色をうかがい、気持ちを察することが欠かせません。

こうした男と女の違いは、太古の昔、男性が狩りに出かけ、女性が料理と育児を担当していたときから育まれた「生きるための知恵」とも言えます。

男性たちは、狩りに出ているときにリーダーの言うことを聞かなければ、負傷したり遭難したりするリスクが高まります。良くも悪くも、リーダーの命令は絶対なのです。

一方赤ん坊の命と家族の食事を預かる女性たちは、お互いに協力して支え合う必要があります。その場で仲間外れになることは、自分と家族の命を危険にさらすことにつながる。だからこそ、女性は横のつながりを大事にするのです。

男は緊張する　女は打ち解ける

このように、縦社会になじんだ男性と、横社会に親しんだ女性では、対人関係の築き方が異なります。

例えば初対面の人たちが集まるパーティや寄り合いのような場では、男性同士はお互いの年齢や肩書きがわからないうちは居心地が悪く、ソワソワしてしまいます。

そのうち誰かが「失礼ですが、おいくつですか?」と口火を切り、お互いの年齢がはっきりし序列が明確になって初めて、安心してコミュニケーションを開始できる。仲良くビールを注ぎ合ったりするのは、互いの上下関係が見えてからです。

一方初対面の女性同士は、年齢に関係なくすぐに打ち解けて話を始められます。あっという間に共通の話題を見つけ、「あー、私もそこ行ったことある~」「いいところだよね~」と、意気投合。ときには相当な年齢差があっても平気でタメ口でしゃべりますが、そのことは男たちからすると、まったく信じられないことです。

縦社会に生きる男性にとって重要なのは「**上か下か**」。

横社会に生きる女性にとって重要なのは「**周囲との絆**」。

このことをちょっと意識するだけで、モメることなく会話を展開することができます。

◯そうか！こう言えばよかったんだ！

男→女 | 妻の友人が、近々結婚するらしい

女「○○ちゃん、今度結婚するんだって！
結婚式、楽しみ～！」

男**「○○ちゃんが!? よかったね」**

女「でしょ～!?」

横社会に生きる女性にとって、友人や同僚との関係性は何よりも重要。「周りの人を大切にしてくれる＝私のことも大切にしてくれる」と感じます。

女→男 | 学生時代の男友達が、会社でリーダーに抜擢されたらしい

男「俺、今度、チームリーダーになったんだよ」

女**「リーダーなんて、すごいね！」**

男「だろー!?」

縦社会で生きる男性にとって、組織の上に立つことは一番の関心ごと。「すごい！」と言っておくだけで、男性の自尊心は満たされます。

図解でまるわかり！　男女の違い

「仲間意識」

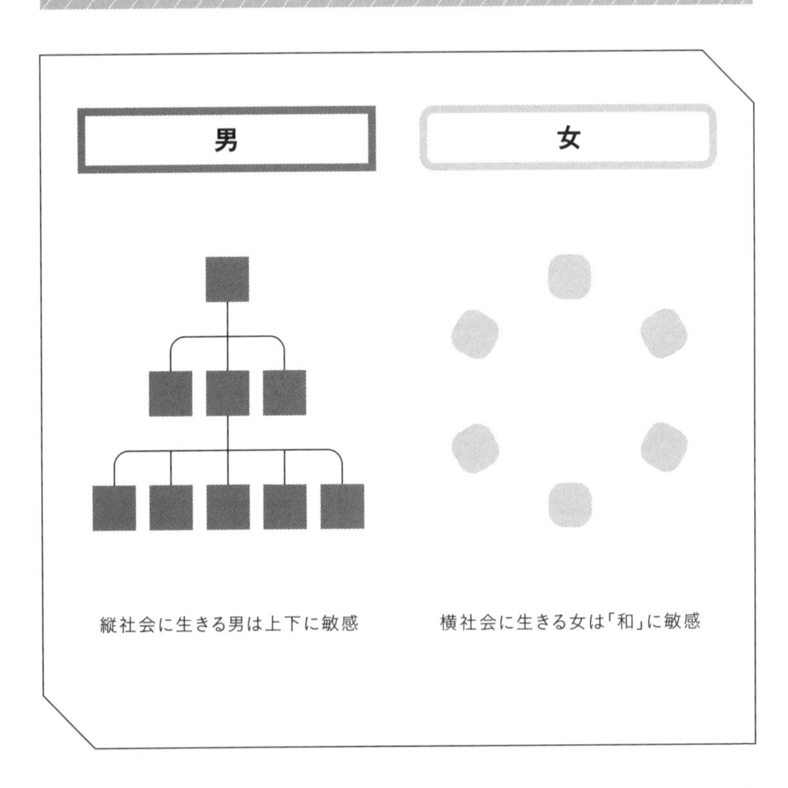

女性の社会進出が進み、女性たちも縦社会文化に対応する必要に迫られています。特に学生時代に体育会系の部活に取り組んできた女性などは、縦社会と横社会の両方に強い「ハーフ」のような存在なので、企業から重宝されています。男女問わず、これからの社会で目指すべきは「両きき」。「野球」的な上下関係にも「ままごと」的な調和にも、シーンによって対応できる柔軟さを持ちたいものです。

男はアドバイスしたがる
女は同情したがる

✕ この言い方では100％モメる！

男→女 | 女性の後輩から、仕事の悩みを相談された

女「プレゼンって、つい緊張しちゃうんです……」

男**「リハーサルしないからいけないんだよ。この本とか読んでみる？」**

女「……（相談するんじゃなかった）」

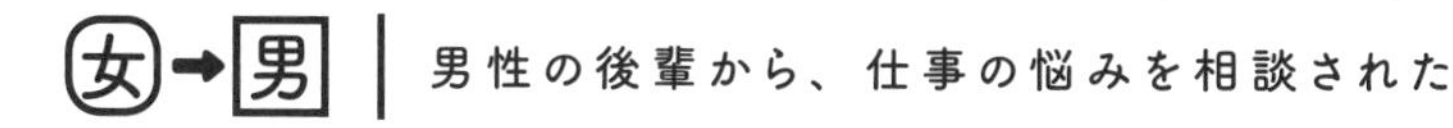

女→男 | 男性の後輩から、仕事の悩みを相談された

男「○○部長と衝突しちゃって…」

女**「わかる！　あの人、頭かたいもんね。私も昔はよくぶつかったなぁ」**

男「……（相談するんじゃなかった）」

なぜ通じない?

男はアドバイスしたがる　女は同情したがる

女性から相談ごとをされた男性が良かれと思ってアドバイスをしたのに、「話をちゃんと聞いてくれない」「相談するんじゃなかった」と言われてしまうことがあります。

これは前に述べたように、男性が会話に結論を求め、女性が気持ちの交換を求めることから生じるトラブル。男性の冷静なアドバイスに対して、女性は「悩みを聞いてほしかっただけなのに」「そんな一般論で片付けるなんて冷たい!」と、気持ちのフォローをしてもらえなかったことを不満に感じます。

いっぽう男性は、そもそも人に相談するのが苦手。プライドが高く他人との関係を上下で考える男性は、男女かまわずどんな相手だろうと、なるべくなら弱みは見せたくない。自分でしょいこんで解決したがります。

そんな男性が渋々ながら悩み相談をするとき、求めていることはたったひとつ。「**解決策を知りたい**」、**これに尽きます**。ですから、男性の悩み相談にアドバイスは必須で、下手に同情しようものなら、彼らのプライドはボロボロに傷ついてしまいます。

逆に、女性同士の悩み相談の場では「わかる!」「そういうこと、あるよね」とひとしきり共感したあと「私も同じ経験をしたんだけれど……」「そういえば○○ちゃんが同じこと言っていたよ……」というふうに、自分自身や身近な人の話にうつっていきます。男性からすると「なんの解決策も教えてないじゃないか！」とつっこみたくなるところですが、相談しているほうの女性も不満を感じている様子はありません。

女性のコミュニケーションは「気持ちの交換」。心配事を共感し合うことで、十分目的は果たせているのです。それどころか、結論はすでに自分の中にあって、勝手に「そうだよね！　私、やっぱり今の仕事やめる！」と自己完結するケースも少なくありません。

最近のテレビ番組では「絶対に○○すべき！」などと言い切るコメンテーターはほとんどいません。「○○したいですよね」「○○も大事ですよね」と、相手の共感を引きおこすような語尾に終始していて、それは、女性を中心とする視聴者から好印象を得る近道なのです。**この「〜よね」という語尾をそのまま真似するだけでも、女性とうまくコミュニケーションがとれるようになります。**

男は名言が好き　女は口コミが好き

男性は、アドバイスをされる際に、自分よりも上の人や歴史的偉人の名言などをありが

たく聞く傾向があります。

男性向けのセミナーやビジネス書において、カリスマ経営者やトップアスリートの名言でラストを締めくくるのは、お約束です。

ところが、これが女性相手だと話は変わります。以前、ある女性向け書籍の推薦コメントを依頼されたことがありました。文中には、思わずヒザを打ちたくなるような名フレーズが満載だったので「名言につぐ名言！」というコメントを送ったのですが、結果はボツ。担当者から「『名言』という言葉は女性に響かないので、別の表現に変えてもらえませんか？」と言われてしまいました（笑）。

女性は、格言や名言のように、上から降ってくる無機質な言葉より、顔が見える身近な人のコメントを大切にします。

ときには医者のアドバイスよりも「うちの子は水泳を始めてから全然風邪をひかなくなった。○○ちゃんにも水泳をさせたら？」という隣のおばさんの生声を重視。女性に対しては一般論でアドバイスするよりも、自分の感想や体験を交えて話を進めるほうが「親身になってくれた」と感謝されます。

○ そうか！こう言えばよかったんだ！

男→女 | 女性の後輩から、仕事の悩みを相談された

女「プレゼンって、つい緊張しちゃうんです」

男**「わかるよ。一回つまずくと、余計あせるよね」**

女「そうなんです！」

女性の悩み相談は、まずその悩みに共感し受け止めてあげることが重要。具体的なアドバイスは、終盤までとっておくよう我慢します。

女→男 | 男性の後輩から、仕事の悩みを相談された

男「○○部長と衝突しちゃって……」

女**「△△役員も気にしてたみたい。相談してみたら？」**

男「ほんとですか!?」

男性の悩み相談には、解決法のヒントや具体的なアドバイスが効果的。権威ある媒体や人物の要素をひとことそえると、より信頼されます。

図解でまるわかり！　男女の違い

「悩み相談の種類」

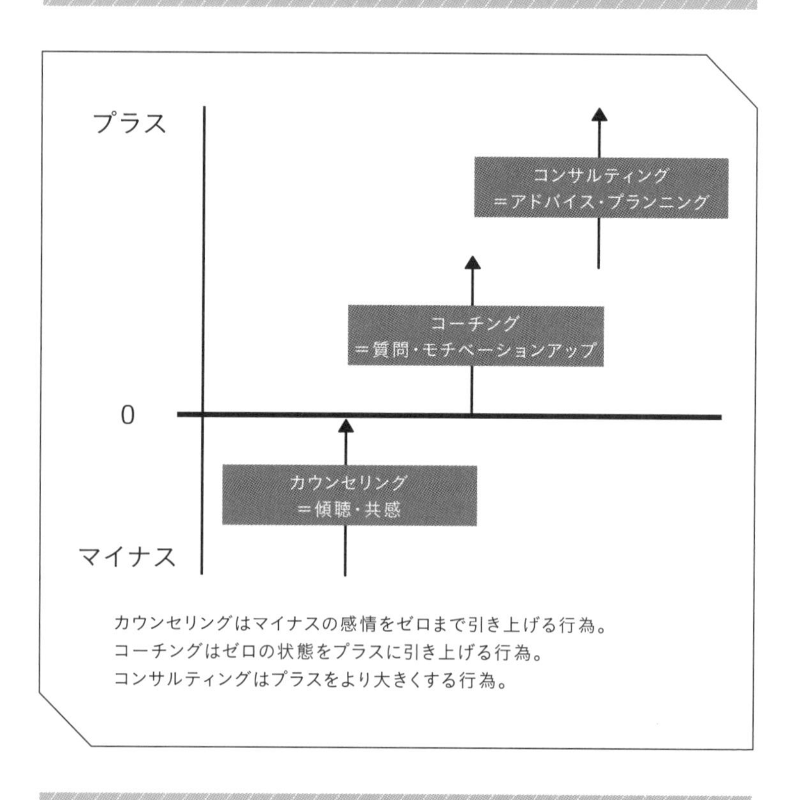

カウンセリングはマイナスの感情をゼロまで引き上げる行為。
コーチングはゼロの状態をプラスに引き上げる行為。
コンサルティングはプラスをより大きくする行為。

世の中には「悩み相談」のようなことを行う専門職がいくつかあります。中でもカウンセリング（カウンセラー）は、メンタルが落ち込んでいる人に対して、ただひたすらに耳を傾けることがメインとなります。具体的な仕事の進め方についてであれば、コンサルティング的なアドバイスが有効ですが、もし落ち込んでいる様子であれば、相手が男性でも最初はカウンセリング的な傾聴を心がけるといいでしょう。

男は自慢できるものを「かっこいい」と言う
女はなんでも「かわいい」と言う

男→女 | 彼女とウィンドウショッピング中に……

女「見て！　これかわいい～」
男「**……どの辺が？**（ポイントを知りたい）」
女「かわいいのに……（否定されてがっかり）」

女→男 | 彼氏がデート中に自転車屋で足を止めて……

男「やっぱ、かっこいいな～」
女「**え～。あんまり好きじゃない**」
男「え……（限定品なのに）」

男は自慢できるものを「かっこいい」と言う
女はなんでも「かわいい」と言う

基本編として最後におさえておきたいのが、センス・感性の問題です。多くの男性がとまどうのが、女性の「かわいい」という言葉。

あるときはお気に入りのアクセサリーについて「かわいい」と言い、またあるときは人気アイドルのことも「かわいい」と言う。かと思うと、街中で見かけたブサイクな犬のことも「かわいい」と言うし、しまいには近所で見かけた小太りのおじさんのことも「かわいい」と言い出す始末。男としてはこの感覚がまったくわからず、「どこがかわいいの?」と思ってしまうわけです。

ところが、女の「かわいい」には「この辺がこのようにかわいい」という明確な理由はありません。**楽しい気持ちになるかどうか、幸せなイメージを抱けるかどうかが、判断基準です。**「心が揺り動かされた」対象は、すべて「かわいい」。だから、小太りのおじさんが一生懸命ランニングする姿は、いじましくて「かわいい」。でも当然、そのおじさんを別の日に別の場所で見かけたら「かわいい」なんてとんでもなくて、むしろ「キモい」になる可能性は十分にあります。

このように、「かわいい」は、気まぐれでルールがなく、理屈では理解できない言葉。まさに女性の感じ方・伝え方を象徴するようなフレーズです。

一方で、男の「かっこいい」には、「かわいい」のような自由さはありません。男性があるモノを「かっこいい」と評するとき、そこには必ず理由があります。高価だから、限定品だから、高機能だから、新商品だから……。**そういったいくつもの理由やウンチクを集めて、ようやく「これは良いものだ」と確信できます。**カタログに記載されているスペックやデータにはくまなく目を通しますし、開発ヒストリーやブランドの歴史にも目がありません。

逆に言うと、そういった手がかりなしで、直感的に「いい！」と感じるのが苦手。自分の感情やセンスに「これでいいのかな？」といつも不安を抱いているのが、男性の特徴とも言えます。

男はヤンキー好き　女はファンシー好き

さて、男の「かっこいい」にはもうひとつ意味があります。それは「自慢できる」ということ。男性は、購入するアイテム、選ぶ商品、すべてにおいて「人に自慢できるか」を気にします。**というのも、本質的に男たちはいつも「勝ちたい」「なめられたくない」と願って日々を過ごしているから。**その精神はまさに、街中でたむろする不良やヤンキーそのもので、「強い奴がえらい」「大きいモノがかっこいい」という感覚は、中世のサムライからヤンキー文化・ヤクザ文化にまで、脈々と受け継がれているのです。

さて、男のヤンキーにあたるのが女のファンシーでしょう。小さい女の子向けのおもちゃや服は「ピンク」「レース」「リボン」などの、見るからに幼くかわいらしい要素でいっぱいです。これは、男の歴史の逆バージョン。女よりも上に立ちたい男たちに呼応するように、**女たちは自分を幼く無害な存在に見せようとしてきました。**理解しがたい「かわいい」という言葉に、唯一手がかりがあるとすればこのファンシーでしょう。

かと言って、「そうか、女の子は小さくてピンク色のものを、かわいいと思うんだな」と法則づけようとするのは、男の悪いクセ。「これ、かわいいよ。ピンク、好きでしょ？」などと決めつけようものなら、「ピンクにもいろいろあるし！」「このピンクは好きだけど、そのピンクは好きじゃない！」と集中砲火を浴びることになります。

女のセンスには理由がないことを受け入れて、好みを尊重する。男のセンスには理由があるので、それを聞き出してあげる。これが、センスを巡る男女のモメごとのもっとも平和な解決法です。

○ そうか！こう言えばよかったんだ！

男→女 | 彼女とウィンドウショッピング中に……

女「見て！　これかわいい～」

男「**そうだね。○○ちゃんらしくていいと思うよ**」

女「あ、こっちもかわいい！」

女性の「かわいい」に明確な理由はありませんし、ましてや意見を求めてもいません。たとえピンとこなくても「僕もいいと思っていますよ」と同調するのが平和な道です。

女→男 | 彼氏がデート中に自転車屋で足を止めて……

男「やっぱ、かっこいいよな～」

女「**すごいねー。これとこれはどう違うの？**」

男「これは、○○が開発した世界で初の△△機能が搭載されているんだよ」

男性の「かっこいい」には基準や理由があるので、興味があるフリを示せば、喜んでウンチクを語り始め、そのうち勝手に満足してくれます。

図解でまるわかり！　男女の違い

「かっこいい」と「かわいい」

「かわいい」は男性にとってどこか気恥ずかしく、使いにくい言葉。しかし一旦「心が動かされる」という意味だと割り切って使い始めれば、「この時計かわいくない？」「かわいい！」と、女性との会話がスムーズになります。

ビジネスでは
「男語」を使いこなし、
場の主導権を
握れ!

第2章

仕事編

組織全体で目標に向かってつき進む仕事のあり方は、男性になじみ深いものです。しかし、現代はさまざまな人たちの個性を活かして仕事をしていく時代。男性は女性社員の気持ちを理解し、女性も男社会のルールを体得することができれば、より良いパフォーマンスにつながります。ビジネスの場での「モメない会話」を考えてみましょう。

男はほめられたい
女はわかられたい

この言い方では100%モメる!

男→女 | 女性の後輩が担当した新商品の売れ行きが、好調なのでほめた

女「あの商品、大好評で売り切れ店続出だそうです。嬉しいなぁ～」

男**「これで今期の目標もクリアだね!」**

女「……」

女→男 | プレゼンに勝利。リーダーである男性の先輩の成果をほめた

男「あのプレゼン、勝ったよ!」

女**「みんなで一生懸命頑張った甲斐がありましたね!」**

男「……」

なぜ通じない？

「やってみて、言って聞かせて、させてみて、ほめてやらねば、人は動かじ」という山本五十六の言葉があります。人を動かすには、ほめることがとても大事。特に今の若い社員は「個性をほめて伸ばす」教育をされてきた世代。ほめ上手であることは、職場でも家庭でも教育でも、とても大事です。

ただ、男と女では、ほめられて嬉しいポイントが違います。

なんでも野球やゲームのように「勝ち・負け」を気にしたい男性は、「結果」や「数字」にこだわります。圧勝だったのか惜敗だったのか。何点差で勝ったのか、ＭＶＰは誰か。**数字やデータで勝利を実感することで、よりモチベーションが上がります。**

それに対して、仕事に対しても「ままごと」「ごっこ遊び」スタイルで取り組みたい女性たちにとって「勝ち・負け」は実にささいなこと。

それよりも仲良く楽しく過ごせたという「過程」「雰囲気」を重要視します。**女性社員に対しては感情にフォーカスして「楽しかったよね」「大変だったのに頑張ってくれたね」などの言葉を意識するといいでしょう。**

そうか!こう言えばよかったんだ!

男→女 | 女性の後輩が担当した新商品の売れ行きが好調なのでほめた

女「あの商品、大好評で売り切れ続出だそうです。嬉しいなぁ〜」

男**「よかったね。毎晩、夜遅くまでがんばってたもんね!」**

女「ありがとうございます」

女性は過程（プロセス）を重視するので、「あなたの努力は素晴らしかった」「いつも頑張りを見ていますよ」というニュアンスでほめましょう。

女→男 | プレゼンに勝利。リーダーである男性の先輩の成果をほめた

男「あのプレゼン、勝ったよ!」

女**「すごい!これで10連勝じゃないですか!?」**

男「まぁね〜!」

「結果」を重要視する男性には具体的な数字を交えながらほめると効果てきめん。「初めて」「過去最高」「MVP」などのフレーズも響きます。

このひとことでうまくいく！ 使える簡単フレーズ

「仕事をほめる」

男↓女

○「ずっとがんばってたね」

○「努力が報われたね」

○「みんな喜んでるよ」

女↓男

○「前年度比150%の伸び率は、うちの部署で初だよ」

○「さすが！」

○「一番良かったですよ！」

男性は結果をほめられたい、女性は過程をほめられたい。それに加え、男性は「ほめられること自体が誇らしい」のに対して、女性は「わかってもらえたのが嬉しい」のも違いのひとつ。女性をほめるときは「あなたのことをちゃんと見ていますよ」という共感のニュアンスを込めると、より心に響きます。

男は理由がほしい
女は誠意がほしい

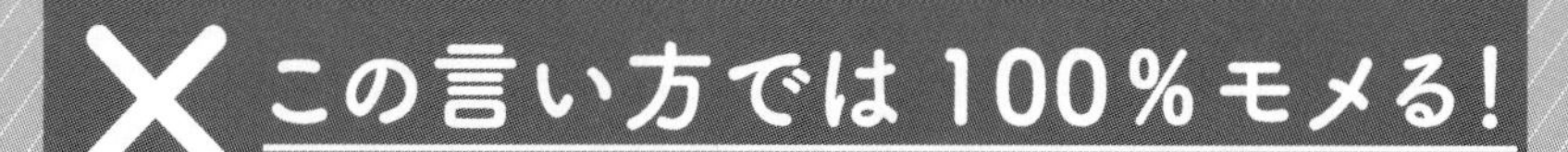

男→女｜納期が遅れてしまい、取引先の女性に必死で謝った

女「先週の納品、2日も遅れましたよね」

男**「申し訳ありません。業者のほうでトラブルがありまして」**

女「……（謝られた気がしない）」

女→男｜納期が遅れてしまい、取引先の男性に必死で謝った

男「先週の納品、2日も遅れましたよね」

女**「申し訳ありません。なんとか間に合うように、一生懸命頑張ったのですが」**

男「……（そんなことはどうでもいい）」

仕事で謝罪をするときは「謝罪」→「経緯説明」→「改善策の提案」の順番での3点セットが原則です。

特に男は、トラブルに至った経緯を筋道立てて説明されることで、初めて納得します。中には、「詫びの言葉なんて、無意味だから要らん！」という人もいるほど。

ですから「経緯の説明」部分をできる限り冷静かつ事細かに伝え、さらに「改善策」を具体的に提案しましょう。

対して、女はトラブルが起こったことで自分が被った心理的ダメージ、つまり心配したことや腹を立てたことに対して「フォロー」してもらいたいと考えます。

ですからまずは先に「あなたの気持ちを傷つけたことに対する謝罪」をして許しを得たあとに「経緯の説明」「改善策の提案」にうつりましょう。淡々と事実ばかり伝えていると「誠意が感じられない」「詫びる気があるの？」と、神経を逆なでするこ とに。

ちなみに、知人の女性は小学生の息子に対して「女性が好む謝り方」をしっかり教育しています。彼は、何か失敗をしたときは「ママをハラハラさせちゃってごめんなさい」と謝るのだとか。小学生にしてすでにこの「女性に刺さる謝罪法」を習得している彼はきっと、今後も女性とのコミュニケーションをうまくやっていくに違いありません。

そうか！こう言えばよかったんだ！

男→女 | 納期が遅れてしまい、取引先の女性に必死で謝った

女「先週の納品、2日も遅れましたよね」

男**「申し訳ありません。さぞかしご心配なさったことと思います」**

女「そちらも大変でしたね」

「心配させた」「がっかりさせた」「イライラさせた」など、相手の気持ちを慮ったフレーズを散りばめることが重要。

女→男 | 納期が遅れてしまい、取引先の男性に必死で謝った

男「先週の納品、2日も遅れましたよね」

女**「申し訳ありません。業者で思わぬトラブルがありまして。詳しい経緯を調べています」**

男「お願いしますよ！」

何がどうなったのか、把握して納得したいのが男。もちろん、下手に出て相手のプライドを保つのも忘れずに。

このひとことでうまくいく! 使える簡単フレーズ

「仕事で謝る」

男
↓
女

○「ご心配をおかけしました」

○「その点はご安心ください」

○「大急ぎで飛んできました」

女
↓
男

○「ウチの部の責任です」

○「社を挙げて取り組んだのですが……」

○「上司も一言お詫びしたいと言っております」

男性は「誰が悪かったのか」と責任の所在を問いたがります。容易に個人で引き受けたり、「私は悪くない」と逃れたりせず、主語を「部・社」「私たち」などにすることで切り抜けましょう。

男はリーダーになりたい
女はサポーターになりたい

この言い方では100％モメる！

男→女｜女性をリーダーに任命する

男「みんなをグイグイ引っ張っていってほしい」

女「……（困ったな）」

女→男｜男性をリーダーに任命する

女「みんな助けてくれるから、安心してね」

男「……（ちぇっ）」

なぜ通じない？

以前、ある国際ロボットコンテストの手伝いをしたときの話です。会場には、中学生の男女が設営準備のボランティアとして集まっていました。

指示をしなくても周囲に気を配りながら作業を進める女子に対して、すぐにふざけて遊び回り、全く戦力にならない男子。その差は歴然でした。

あまりの男子の「使えなさ」に頭を抱えましたが、ふと閃き、遊んでいる男子たちに「君は掃除のリーダーね」「君はアテンド隊長。受付の設営は任せるから」と任命してみました。すると、男子たちの顔がぱっと輝いたではありませんか。それまでグータラしていた男子が周囲にテキパキと指令を出して働きだしたのです。**そうか、中学生ですら男子は「任務と肩書き」で頑張ってしまうのだなあと、感慨深い気持ちになりました。**

一方で女性は、組織の「上」に立つことに、男性ほどモチベーションを感じません。むしろ女性は横社会に生きる性なので、周囲から目立ったり浮いたりすることを好まないのです。女性からは疎まれるし、男性からは妬まれる。変にえらくなってもいいことがないわけです。実際多くの企業で、「女性がなかなかマネージャーになりたがらない」と問題になっています。

そんな女性をリーダー職につけるには「管理してほしい」ではなく「見守ってほしい」「支えてあげてほしい」という言い方をするとうまくいきます。

そうか！こう言えばよかったんだ！

男→女　女性をリーダーに任命する

男「仕事がやりやすいように、みんなを支えてあげてほしい」

女「わかりました。やってみます」

「支える」「面倒を見る」といった言い方のほうが、本人も周囲もストレスなく受け止めることができます。

女→男　男性をリーダーに任命する

女「リーダーとして、みんなをグイグイ引っ張っていってください。期待してます」

男「任せてください！」

「権力」「肩書き」をほのめかしつつ、「頼りにしてる」も効果的。でも手綱はキチンとしめることを忘れずに。

このひとことでうまくいく！ 使える簡単フレーズ

「リーダーを任せる」

男↓女

○「みんなを支えてあげてね」

○「あなたなら安心できる」

○「働きやすい雰囲気作りを心がけてね」

女↓男

○「期待しています」

○「思う存分やってください」

○「あなたに任せた！」

女性にリーダーを任せるということは「組織のお母さん」をイメージするといいでしょう。一方男性には、軍隊の隊長を任命するニュアンスでハッパをかけると効果的です。

男は納得したい 女は残念がられたい

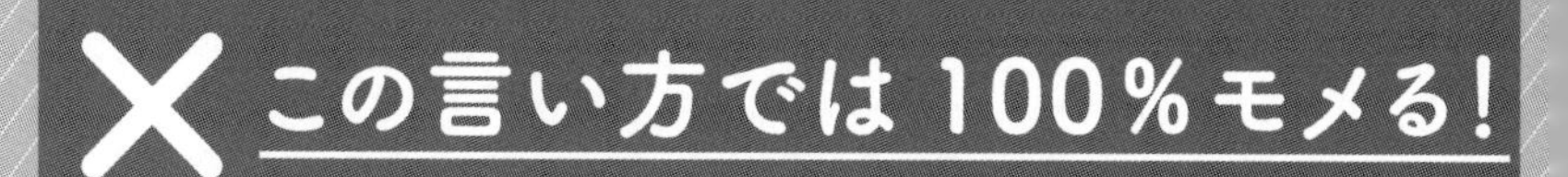

男→女 | 女性上司から会食に誘われたけど、仕事が忙しい……

女「今日の夜の会合、あなたも参加してみる？」
男**「すみません、今日は仕事が立て込んでいるんです」**
女「……」

女→男 | 男性上司から仕事を頼まれたけど、今はパンパン！

男「この資料、今日じゅうにお願いできる？」
女**「すみません、今、いっぱいいっぱいなんです」**
男「……」

なぜ通じない?

ビジネスにおいて依頼を断るときの基本は、男性が相手でも女性が相手でも「断る」→「理由を述べる」→「代案を提示する」の3ステップです。これは「謝罪」の3ステップと同じしくみです。

男性が相手の場合、断る理由を明確かつ客観的に示しましょう。**間違っても「イヤだから」「ムリだから」というニュアンスを出さないようにします。**

「これだけの仕事が、こんなにたまっている」という説明でもいいですし、上下関係をちらつかせて「あなたより上の人から別の依頼を受けている」と断ってもOK。とにかく納得できる材料を提示しましょう。

一方、女性は、単に断られただけなのに「この人、私のこと嫌いなのかな」「仕事が楽しくないのかな」などと勝手に深読みしてしまう傾向があります。男性よりも「察するセンサー」が敏感なだけに、ときに思ってもいないような勘ぐりをしてしまうのです。

ですから女性からの依頼を断る場合は、「あなたの役に立ちたいのですが」「断るのは残念なのですが」というニュアンスを含めると、すんなり引き下がってくれます。

そうか！こう言えばよかったんだ！

男→女　女性上司から会食に誘われたけど、仕事が忙しい……

女「今日の夜の会合、あなたも参加してみる？」

男 **「ぜひご一緒したかったのですが」**

女「あんまり無理しないでね。おつかれさまー」

ただ「忙しい」ではなく、「徹夜」など同情を引けるようなエピソードを添えると効果的。

女→男　男性上司から仕事を頼まれたけど、今はパンパン！

男「この資料、今日じゅうにお願いできる？」

女 **「今日は○○部長から△△を頼まれていて時間がとれません」**

男「了解。じゃあ、明日でいいや。よろしく〜」

断るときはキッパリと。そのためにも、ハッキリとした理由を用意する必要があります。

このひとことでうまくいく! 使える簡単フレーズ

「やんわりと断る」

男↓女

〇「残念ですが……」

〇「本当にやりたかったのですが……」

〇「なんとか行けないか調整したのですが……」

女↓男

〇「その日は難しいです、申し訳ございません」

〇「その日は空いておりません」

〇「またの機会にぜひ!」

事を荒立てず、相手を傷つけず断るのはとても難しいもの。女性には、「本当は行きたかった」というポーズを見せることが礼儀。そうすれば気持ちは傷つきません。一方男性にそうした気づかいは逆効果なことが多いので、ズバッと断りましょう。

男は評価されたい
女は感謝されたい

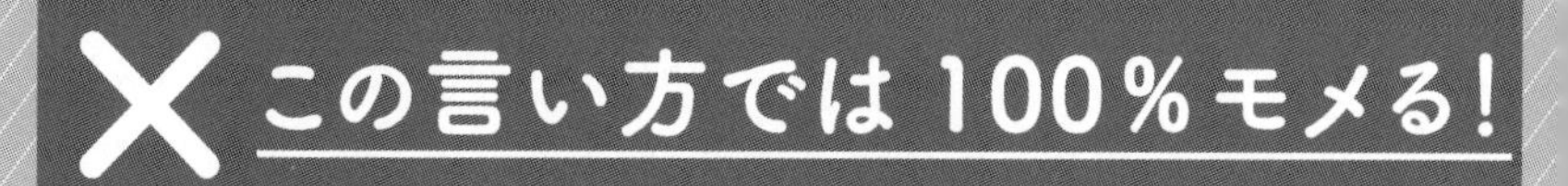

男→女｜女性部下に急な仕事をふりたい

男「これ、月末までにやっておいて。重要な案件だから、しっかりね」

女「……」

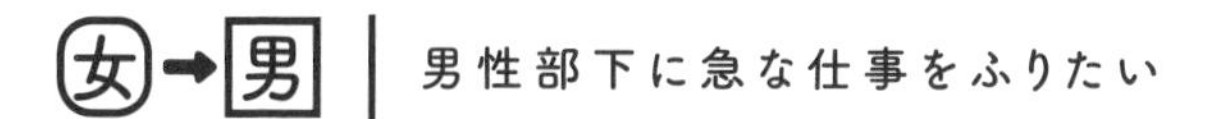

女「○○ちゃんが急に倒れて困っちゃって～。この件、かわりにお願いできると嬉しいんだけど～」

なぜ通じない？

私の知人に、大勢の部下を持つ男性がいます。彼は、女性スタッフにお願いごとをするときは、まずひとしきり仕事とは関係ない世間話をするのだとか。

例えば「最近、お子さんは元気？」「趣味の○○はどう？」などとおしゃべりしたあとに、新たな仕事の依頼をすると「いいですよ」と快く引き受けてくれる女性がほとんど。中には話の途中で「あの件ですよね、やりますよ」と察してくれる部下もいるそうです。

女性の仕事の優先順位は緊急度や重要度では決まりません。**好きな人・仲のいい人から頼まれた仕事ほど優先したいのです。**とことん「関係性」に生きる彼女たちは、「あの人のために」「喜んでくれる人のために」仕事をします。そう考えると、「世間話をして距離を縮めてから依頼する」は理にかなっています。

一方男性も女性と同じように、依頼相手によって仕事の優先順位を変えることがあります。けれどもその基準は、「好き・嫌い」「喜ばせたいか」ではなく、「評価されるか」です。そのため、**仲のいい同僚から頼まれる仕事よりも、より権力を持った上司からの仕事を優先します。**

相手が仕事を何で選ぶタイプか見極めて、それに合った言葉を添えるようにしましょう。

そうか！こう言えばよかったんだ！

男→女　女性部下に急な仕事をふりたい

男「**ちょっと助けてもらえないかな？**」

女「どうしました？　私でできることなら」

女性に無茶な依頼をするときには「困っている」「やってもらえるととても助かる」などと絆や情に訴えます。

女→男　男性部下に急な仕事をふりたい

女「**これ、部長の肝入りの案件なんだけどどうかな？○○さんも期待してたよ**」

男「わかりました」

男性に無茶な依頼をするときには、「評価」をちらつかせましょう。基本的には仕事の大きさ・華やかさで選ぶ彼らも、上からの指名には弱いのです。

図解でまるわかり！　男女の違い

「評価と感謝」

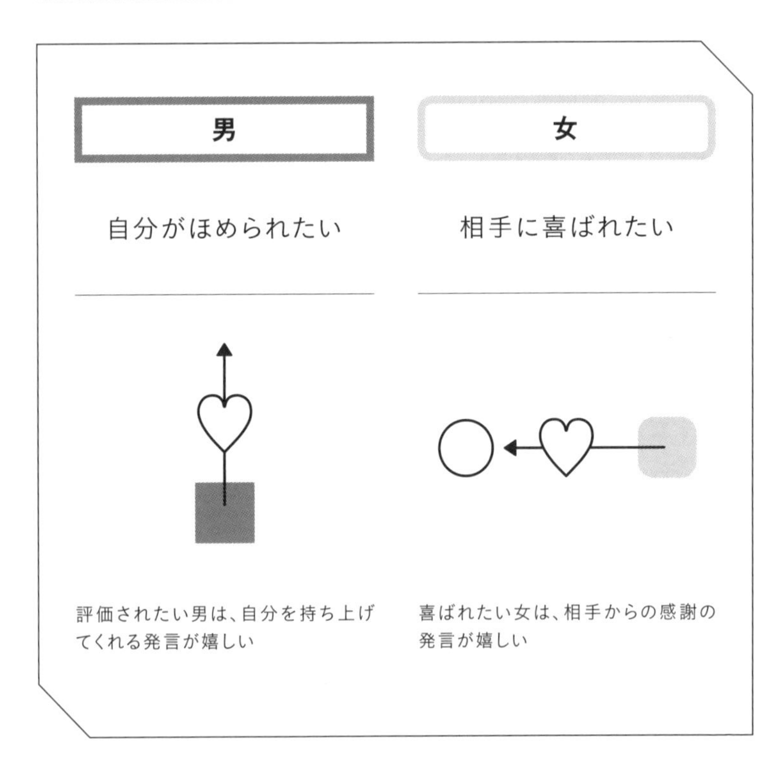

常に自分が中心にある男性には、「○○君にとってもいい経験になると思う」「○○君の活躍はすごいから、これを任せてみたいんだ」というように、相手の自尊心をくすぐる言い方を。一方、常に相手との関わりの中で考える女性に対しては、「僕を助けると思ってお願いできないかな？」など「僕（自分）が嬉しい」という気持ちをそえて頼みましょう。

男は頼られたい
女は助けたい

この言い方では100%モメる！

男→女｜女性上司に深刻な相談を持ちかける

男「得意先を怒らせてしまいました。どうすればいいか、指示をもらえますか？」

女「……（知らないよ！）」

女→男｜男性上司に深刻な相談を持ちかける

女「あの〜、こういうことを課長に相談していいのか迷ったのですが……」

男「……（早く言え！）」

男は頼られるのが嬉しい生き物です。なぜなら「頼られる＝上に立てる」ということだから（笑）。特に、年下の部下にアドバイスをするのは、野球文化で育ってきた男性にとっては「監督」や「コーチ」気分が味わえる至福の時間です。

相談ごとがあるときは、きちんと下手に出て、ときにはおだてつつ、でもストレートにアドバイスがほしいと伝えましょう。

ある友人の経営者は、「言いにくいのですが」「ちょっと困っていまして」などと前置きをしてから相談してくる部下に対して腹が立つそうです。「お前が言いにくかったり、困っていることは俺には関係ない」というのが超・男的な彼の言い分。男性に対して、思わせぶりな前置きは不要です。ドライに業務連絡と割り切って、相談したい内容、それにかかる時間を簡潔に話すのがいいでしょう。

一方、女性に対しては、好意的な雰囲気づくりが重要です。ときには世間話を交えつつ、話を聞いてくれやすい空気を作ってから、「信頼しているあなただからこそ打ち明ける」という、ウェットな姿勢がいいでしょう。

守り育てる母性を持った女には、「Ｈｅｌｐ ｍｅ！」のサインが効きます。**「ちょっといいですか？」ではなく「ちょっと助けてほしいのです」と伝えることで、より親身になって手をさしのべてくれるはずです。**

なぜ通じない？

◯ そうか！こう言えばよかったんだ！

男→女　女性上司に深刻な相談を持ちかける

男「得意先のことで、ちょっと困ったことになって…。○○さんのお力を借りたいんですが」

女「何があったの？」

女性に伝えるべきは「Help me」と「Only you」。肩書きではなく、きちんと名前を呼びかけるのもテクニックです。

女→男　男性上司に深刻な相談を持ちかける

女「課長、3分お時間いただけますか？取引先とのトラブルでアドバイスをいただきたいんです」

男「オッケー。続けて」

男性に伝えるべきは「Give me time」と「Give me advice」。ストレートにあなたの時間や知恵を分けてほしいと伝えることで、男性は業務として相談にのってくれます。

図解でまるわかり！　男女の違い

「相談の中身」

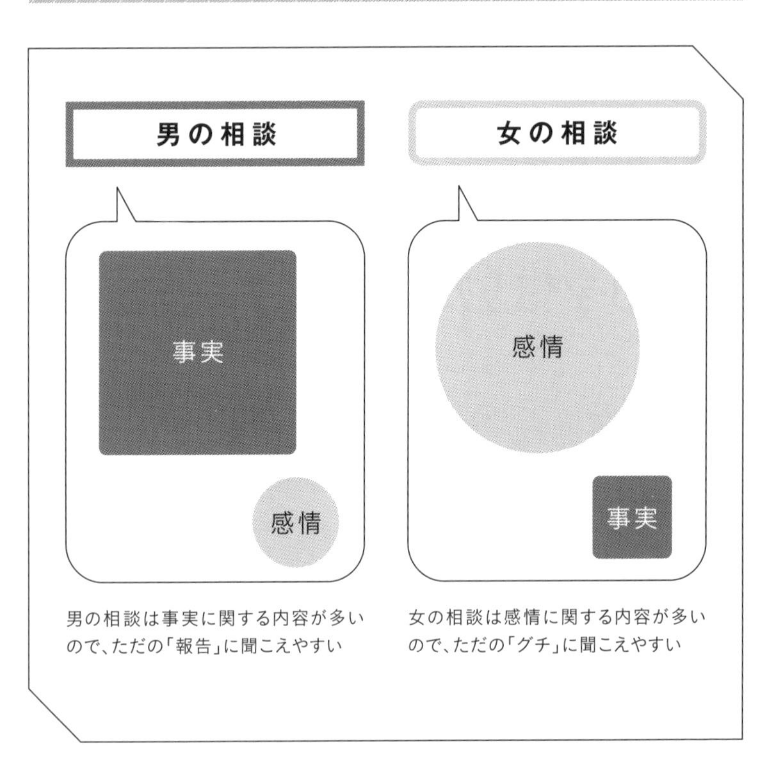

「相談」という言葉が持つニュアンスは、「通達」「命令」などに比べて緊迫度が低いため、きちんとアポイントをとらなかったり、解決策を示さなかったりと、相談するほうもされるほうも〝なあなあ〟になってしまいがち。また、事実を淡々と話す男性の相談ごとは、ただの「報告」にしか聞こえず、女性の相談ごとは感情が先走り、ただの「グチ」にしか聞こえないことがあるので、バランスを意識しましょう。

男は成長願望
女は変身願望

✕ この言い方では100%モメる！

男→女　女性部下に異動を伝える

男「9月から新しい部署に異動してもらいます。よろしく」

女「……（気持ちの整理がつかない）」

女→男　男性部下に異動を伝える

女「新しい部署でゼロから勉強するのも楽しいと思わない？」

男「……（なんで俺が）」

?♀?♂?

なぜ通じない？

先日、知人の女性が「私は『向上心』という言葉がまったくピンとこないのですが、男性は向上心という言葉に弱いらしいですね」と笑っていました。

確かに男は「向上」や「成長」という言葉が大好き。「成長できる環境に身を置きたい」「日々成長している実感があって、仕事が楽しい」などと語るのは、決まって男性です。コツコツと努力を積み上げて、少しずつ自分が強くなっていくのが、たまらないのです。

一方、女が好きなのは「変身」。「白馬の王子さまがやってきて、私を今とは全く違う環境に連れていってくれる」というストーリーに憧れる女性は、現在の環境と将来の環境が連続していないことになんの抵抗も感じません。

むしろ女性には、「自分でも気づかなかった才能を誰かに見出してほしい」欲求があります。例えばモデル志望でオーディションを受けたのに、女優への転向を勧められると、あっさり翻意するのは女性に多い特徴です。

男性は、技術を磨いてくれるコーチのような存在を、女性は、適性を見極めてくれるプロデューサーのような存在を求めていると言えます。

そうか！こう言えばよかったんだ！

男→女 | 女性部下に異動を伝える

男「君には営業のセンスもある。新しい可能性にチャレンジしてみない？」

女性は、自分の可能性を「見初められる」ことが大好き。新しい部署に異動することで、今とは違う自分に変身できるのではないかというワクワク感を喚起させましょう。

女→男 | 男性部下に異動を伝える

女「今までの経験を活かして、もっと成長できると思うよ」

男性は、もともと環境の変化が苦手。ですが、これまでの努力の延長にある（無駄ではなかった）、今より成長できると説けば、前向きになれます。

図解でまるわかり!　男女の違い

「キャリアの築き方」

男	女
山登り人生(成長)	川下り人生(可能性)

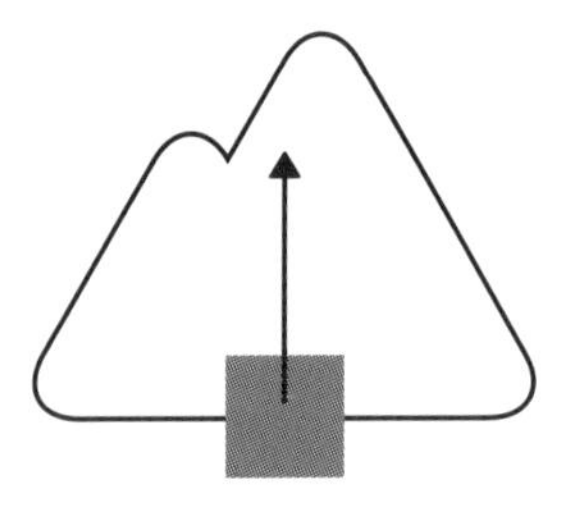

目標を定めてそこに到達する道のりを考えるのが男の「山登り人生」

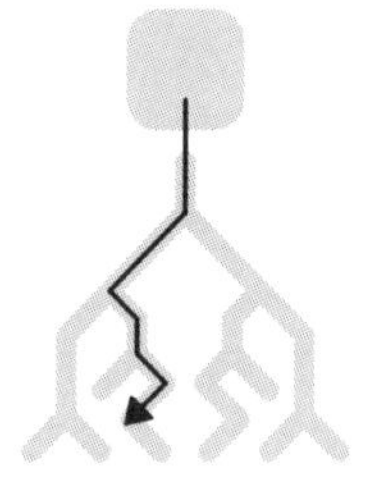

分岐点が来るたびに臨機応変に道を選ぶのが女の「川下り人生」

男性は、ゴールを設定して、そこに至る道筋を一心不乱に進むタイプが多く、これは山登りに似ています。逆に女性は川下りのように、分岐点があるたびに右に曲がったり、左に曲がったりしながら人生を進めていきます。そのくせ選ばなかったほうの選択肢にいつまでも未練が残ったり、ときには後悔したりすることもあるのが女性の特徴です。

男は追い込まれると黙る
女は追い込まれると泣く

男→女 | 女性部下に泣かれてしまった……

男「どうして泣くの？
泣いてても
わからないよっ！」

女「……」

女→男 | 男性部下が黙りこくってしまった……

女「どうして黙ってるの？
黙ってちゃ
わからないでしょ!?」

男「……」

追い込まれていっぱいいっぱいになり、頭と気持ちに余裕がなくなると、男は黙り、女は涙を流します。

ビジネスのシーンで女性に泣かれると、男性は「非常識だ」「卑怯だ」とあきれたり怒ったりします。ところが彼女たちにとって、涙は「汗」のようなものです。激しい運動をしたら汗が出るのは当然。汗は自分の意思で止めることはできません。**女性に泣かれてしまったときは、あせらず怒らず「ああ、汗をかいているんだなあ」と思って何事もなかったように接しましょう。**

逆に、女性が理解できないのが、男性の「黙る」という行為です。男性が黙っている姿は、文句があるように見えたり、開き直っているように見えたりします。むっつり黙っている男性を「怒っているみたいで怖い」「何を考えてるのかわからなくて不気味」と感じる女性は少なくありません。

しかし、多くの場合、男性が黙っているのは単に脳がオーバーヒートしているだけ。「こう言ったらマズいか」「いや、待てよ。あの話はどういうことだったんだ？」と、ああでもないこうでもないと考えて、何も話せなくなっているのです。**女性は「ああ、回線がショートしてるんだなぁ」と思って、やはり何事もなかったように接してください。**

そうか！こう言えばよかったんだ！

男→女 | 女性部下に泣かれてしまった……

男「（黙ってティッシュを差し出しながら）

じゃあ、次のページだけどね」

女「はい（助かった……）」

「女性の涙は汗」と割り切って、ティッシュを渡しましょう。必要以上に反応せず、そのまま淡々と話を進めて問題ありません。

女→男 | 男性部下が黙りこくってしまった……

女「（気にせずに）**まず、私の意見を言うね」**

男「はい（そうしてください……）」

男性が黙っているのは、考えがまとまっていない証拠。不満があるわけではありません。考えがまとまったら口を開くので、そこまで会話をリードしましょう。

このひとことでうまくいく！ 使える簡単フレーズ

「余裕がないことを伝える」

男↓女

○「頭が真っ白になっちゃって……」

○「落ち着くまで少し待ってもらえますか？」

○「突然のことに、びっくりしています」

女↓男

○「1分だけ時間をもらえますか？」

○「かまわず、話を進めていただけますか」

○「お話はきちんと理解しております」

男性が黙っていると女性は不安が募ります。逆に女性が泣いていると男性は動揺します。どちらのケースも、自分がちょっとしたパニックに陥っただけであり、相手を困らせたり攻撃したりする意図はないことを伝えましょう。自らそう宣言できると、かえって「落ち着いた人」という印象を与えられます。

男は話をまとめたがる
女は話を広げたがる

男→女　会議で女性の同僚から意見を求められた

女「A案とB案、どちらがいいでしょうか？」

男「**大差ないし、A案にしちゃいましょうよ**（めんどくさいし）」

女「……」

男「A案とB案、どちらがいいでしょうか？」

女「**個人的には消えたC案も捨てがたいんですよねー**」

男「……」

?♀?♂?

なぜ通じない？

意見を出し合う会議の場では、男性も女性もその場の目的を理解することが重要です。ひと口に会議と言っても、いろいろな目的があります。自由に意見を出し合う場なのか、一刻も早く決断すべき場なのか。

男は、猪突猛進にゴールに向かう性質があるので、とかく結論を急ぎがちです。プレゼンのように理路整然と話す場面では功を奏するのですが、多様な意見を出し合ってディスカッションする場では、その性急さのために視野が狭くなることがあります。

めんどくさがって、あるいは、頭のいいところを見せつけようと、すぐに意見をまとめようとせず、幅広く、粘りづよく、人の意見に耳を傾けましょう。

逆に、女は男に比べて視野が広い分、思考も広がりやすい傾向があります。多方面に気が回るということは、常に「気が散っている状態」とも言えます。

アイディアを広げることは得意でも、集中してまとめることは苦手なので、会議ではその点に注意しましょう。

そうか!こう言えばよかったんだ!

男→女　会議で女性の同僚から意見を求められた

女「A案とB案、どちらがいいでしょうか?」

男 **「どちらも捨てがたいですが、仮にAにしましょうか」**

女「そうですね。それで話を進めましょう」

女性にとっては意見を出し尽くすことも大切。説きふせるのではなく、スムーズにリードしてあげましょう。

女→男　会議で男性の同僚から意見を求められた

男「A案とB案、どちらがいいでしょうか?」

女 **「強いて言うならA案ですね。理由としては……」**

男「なるほど」

意見をまとめる会議において、一度消えた案は復活させてはいけません。個人の感情はグッとがまんして。

このひとことでうまくいく！ 使える簡単フレーズ

「会議の司会進行」

男↓女

○「○○さん、どう思います？」

○「その意見もいいですね！」

○「会議が盛り上がってきましたね！」

女↓男

○「今日の会議の目的は……」

○「17時までに、○○と●●について決めたいと思います」

○「これまでの話を整理すると……」

会議の司会進行は、全体のバランスを見ながら、時間通りに終わらせなければならない高等技術。女性が多い会議では心ゆくまで話してもらうこと。男性が多い会議ではテキパキと運営することが重要です。

男のメールは業務連絡 女のメールは心のやりとり

この言い方では100％モメる！

男→女　取引先の女性に懇親会の御礼メールを送った

女「昨日の懇親会、ご出席いただきありがとうございました」

男 **「お疲れさまでした。実に有意義な会でしたね」**

女「……」

女→男　男性の同僚から資料送付の御礼メールが来たので返信！

男「資料、拝見しました。とても参考になりました」

女 **「わぁ、お役に立てたなら、とっても嬉しいです！あのあと……（延々続く）」**

男「……」

?♀?♂?

なぜ通じない？

メールに対する姿勢もまた、男女で大きく異なるところです。

仕事のメール、プライベートのメールに関わらず、男性にとってのメールは「連絡」をするための道具です。

特にビジネスシーンでは、メールはできるだけ簡潔で短いほうがよく、感情を交えずに事実だけを送るのが男の流儀です。もちろん回数や頻度も少ないほうが好ましい。

一方で女性にとってメールは気持ちを交換する「コミュニケーションツール」です。一日に何度でもやりとりしたいし、返信がないとソワソワと落ち着きません。**プライベートメールやLINEで饒舌なのは決まって女性ですが、仕事の場面でも、つい余計な文章を付け加えがち。**

男性が部下からのメールに対して「了解」だけの返信を送るのはよくあることですが、女性の部下はこれを「冷たい」と思うでしょう。逆に女性の「憧れの○○さんからご連絡いただき嬉しいです。朝からドキドキしています♪　先日はお目にかかれて光栄でした……」という、感情的で冗長なメールに男性はうんざりします。

それぞれのすれ違いをなくすためには、男性は業務連絡だけになりすぎないこと、女性は感情を交えすぎないことを意識するといいでしょう。

○ そうか！こう言えばよかったんだ！

男→女 ｜ 取引先の女性に懇親会の御礼メールを送った

女「昨日の懇親会、ご出席いただきありがとうございました」

男**「こちらこそ。〇〇さんのおかげでリラックスして楽しめました」**

気持ちの交換をしたい女性に対して冷たい応答は避けましょう。たとえ仕事でも、好感度を上げておくのが得策。

女→男 ｜ 男性の同僚から資料送付の御礼メールが来たので返信！

男「資料、拝見しました。とても参考になりました」

女**「お役に立てたようで、何よりです。またいつでもおっしゃってください」**

男性の業務連絡に対して過剰な感情表現は大げさだと思われます。読むのが負担にならない短いメールの中に、さりげない気づかいを入れ込みます。

このひとことでうまくいく! 使える簡単フレーズ

「メールの返信」

男↓女

○「丁寧な連絡ありがとう」

○「楽しみにしています」

○「暑くなってきましたね」

女↓男

○「○○についてご連絡します」

○「変更点は以下の通りです」

○「ご自愛ください」

用があるときに最低限のメールを送る男性。常につながりを感じていたい女性。男性はひとことor一通増やす、女性はひとことor一通減らすなどの歩み寄りを心がけましょう。

男は世界から認められたい
女は世間から認められたい

この言い方では100%モメる！

男→女｜女性部下の頑張りに感謝する

男「あの資料、よくできてたよ」

女「……」

女→男｜男性部下の頑張りに感謝する

女「○○君は気がきくから、助かるわー」

男「……」

なぜ通じない？

男にも女にも、他人から「認められたい」という気持ちはありますが、誰からどのように認められたいかには男女の差があります。ねぎらったり、感謝したりするときには、この違いにフォーカスをあてると、より響く言葉になります。

男性は「世界」から認められたいと考えています。**自分の周囲だけではなく、自分の上司、取引先、ひいては自分が知らない人からも認められたいのが男性。**そして、目に見える実績について評価されたいと考えています。

ですから、男性に感謝の気持ちを伝えるときには、曖昧に「いつもありがとう」などと感謝するのではなく、彼の行動や成果をねぎらうのがいいでしょう。さらに、自分以外の人もあなたを認めていて、あなたに感謝しているのだということを盛り込むとより効果的です。

一方女性にとって重要なのは、「世界」ではなく、「世間」です。「**半径５ｍ**」**を気にして生きている彼女たちは、周りの人に「あの人は素敵だ」と思われたり、憧れられたりするのが理想です。**

ですから女性が相手の場合は、「（誰よりもまず）私がとても感謝している」ことを伝えること。そのうえで、近しい仲間・職場の同僚からの感謝も伝えます。逆に言うと、「社長賞」などの大げさな感謝は、彼女たちの心に刺さらないことが多いようです。

○ そうか！こう言えばよかったんだ！

男→女　女性部下の頑張りに感謝する

男「○○さんのおかげで、部署のみんなが本当に助かってるよ！」

女「いえいえ、とんでもない」

女性は、目の前の人、身近な人に喜んでもらえることが、何よりのモチベーションになります。

女→男　男性部下の頑張りに感謝する

女「○○君の資料はいつも完璧！部長会でも評判がいいの。ありがとう」

男「頑張ります！」

具体的な仕事の内容に触れつつ、自分以外の人もほめていたということを伝えて、感謝を示しましょう。

このひとことでうまくいく！ 使える簡単フレーズ

「感謝する」

男↓女

○「〇〇さんがいてくれるおかげで、みんな楽しく働けているよ」

○「〇〇さんがいると職場の雰囲気が明るくなるな～」

○「昨日も遅くまで頑張ってたよね。お疲れさまです！」

女↓男

○「仕事速いねー！　助かっちゃうな」

○「〇〇君はウチに欠かせない戦力だから」

○「今期、〇万円の売り上げはすごいね！」

男性には、その功績を大げさにたたえ、女性には、相手の存在自体を認める言葉をかけましょう。

男は自信過剰
女は自信過少

×この言い方では100%モメる！

男→女　商品のデザインについて意見を述べる

女「色のサンプルを取り寄せました。どうでしょうか？」
男「**いや、断然白でしょ**」
女「……（なに、その自信？）」

女→男　商品のデザインについて意見を述べる

男「色のサンプルを取り寄せました。どうでしょうか？」
女「**あ、あの……白がいいかな〜って**」
男「……（なに、その自信のなさ？）」

なぜ通じない？

米国で行われたある実験によれば、学力テストに臨む際、男性と女性それぞれに自分がどれくらいの点数をとれるか予想させたところ、男性は実際の実力よりも高く自分の点数を見積もり、逆に女性は実際よりも低く見積もることがわかりました。また別の研究では、女性はどれだけ社会的な地位が高くても「自分に自信を持てない」と答える人が男性よりも圧倒的に多いことがわかっています。

つまり、男性は自分を過大評価し、女性は自分を過小評価しているということ。

自信を持ちすぎる男性と、自信が持てない女性の違いは、意見を戦わせる場で、より一層顕著になります。男性は自分の意見は間違っていないと（本気で）信じ積極的に発言しますが、女性は自分の意見に懐疑的で、求められなければ意見をしない傾向があります。

人間は、「自信を持って発言しているように見える」ほうに信頼感を寄せると言われているので、特にビジネスの場では男性的な発言のしかたが評価されます。

つまり「自信満々のデキない人」のほうが「控え目なデキる人」よりも人望を集め、結局、「デキる人」という評価を手にするのです。

そう考えると適度の自信を持つことは、ビジネススキルの一部と言えます。実際に自信があるかどうかに関わらず、自信を持って話しているように見える会話術を身につけましょう。

そうか!こう言えばよかったんだ!

男→女 商品のデザインについて意見を述べる

女「色のサンプルを取り寄せました。どうでしょうか?」

男**「僕は○○な理由で白がいいと思いますが、△△さんはどうですか?」**

女「私も同じ意見です」

自信を持って発言することと、他人の意見を無視することは別です。いくら自分の意見に自信があっても、女性ときちんと「対話」しようとする姿勢が大切です。

女→男 商品のデザインについて意見を述べる

男「色のサンプルを取り寄せました。どうでしょうか?」

女**「ウチの部としては白を推します。なぜなら……」**

男「なるほどねー」

どうしても言い切れない場合は「私たちは」「部としては」など「we」を主語にすると、言い切りやすくなります。

このひとことでうまくいく！ 使える簡単フレーズ

「『自信』をアピールする」

男
↓
女

○「余裕ですよ！　なにかあったらご相談します」

○「根拠はないんですが、イケる気がします」

○「僕は大丈夫と思うんですが、どうでしょうね？」

女
↓
男

○「正直不安ですが、そうも言ってられないので頑張ります」

○「時短になりますが、その分は営業時間内でしっかりカバーします」

○「それに関しては、後日報告します」

男性は自信がひとりよがりにならないように気をつけましょう。一方女性は、不安を口にしてもいいので、語尾だけでもポジティブにしめくくります。

男は実りのある会話が好き
女は実りのない会話が好き

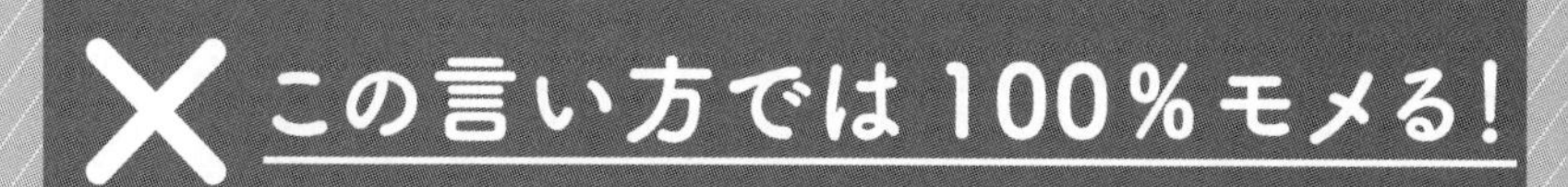

男→女　通勤途中の道で、女性の後輩と雑談

女「昨日、同期の飲み会があったんですよ」

男**「そういえば君の同期の○○は、広報部だったよね。今度話聞けるかな？」**

女「……」

女→男　通勤途中の道で、男性の先輩と雑談

男「おはよう！　最近どう？」

女**「昨日ウチのネコが面白い顔して〜。動画で撮ったんですけど見ます？」**

男「……」

なぜ通じない？

男にとって会話は「情報交換」。女にとって会話は「気持ちのやりとり」です。**とりとめのない会話が苦手な男性は、雑談にも関わらず「有意義であること」や「実りがあること」を求めてしまい、そのことで女性から顰蹙（ひんしゅく）を買ってしまいます。**

例えば女性の同僚が「昨日、同期とモツ鍋屋に行ってすごく美味しかったんですよ」と話し始めると、「モツ鍋ってどこの？」「え、そこよりあそこのほうが美味しくない？」などと、すぐ情報交換（あるいは自慢）にすり替えてしまいます。女性は、誰と食べに行ったかとか、どれくらい美味しかったとかを話し合いたいのに、男性にはそれができません。雑談中に「あとでURL送って」と言い出したり、おもむろにメモを取り出したりするのも男性です。

昨今では「雑談力」をテーマにした書籍が何冊もありますが、その多くは男性の著者が男性に向けて書いているもの。男性にとって、ゴールのない会話は本を読んで勉強するほど、苦手分野なのです。

逆に女性たちは、雑談歴ウン十年のベテラン。どんなテーマを与えられても際限なく話し続けられるのは彼女たちの特技。**その一方で、相手が興味のないテーマを延々話し続けてしまう傾向もあるので注意が必要です。**

そうか!こう言えばよかったんだ!

男→女　通勤途中の道で、女性の後輩と雑談

女「昨日、同期の飲み会があったんですよ」

男**「君たちの同期、仲良くていいよね」**

女「そうなんですよ!」

雑談に情報や結論は求めず、ただのキャッチボールと割り切りましょう。

女→男　通勤途中の道で、男性の先輩と雑談

男「おはよう。最近どう?」

女**「昨日までA社のプレゼンの準備で大変だったんですよ」**

男「そうそう、A社といえば今朝の日経見た?」

雑談といえども情報交換したい男性には、仕事関連の軽い話題を選ぶとよいでしょう。

このひとことでうまくいく！ 使える簡単フレーズ

「仕事相手との世間話」

男↓女

○「そのバッグ、素敵ですね。色がさわやかで」

○「こう雨ばっかり続くと、イヤになっちゃいますね」

○「お腹すきましたね！」

女↓男

○「テニスお好きなんですよね？ ウィンブルドン、今年はどうなんですか？」

○「最近、マイ水筒を持っている人多いですよね。流行ってるのかな」

○「営業部の○○さん、NYに出向なんですってね」

対女性には、感じたことをそのまま言うのもオススメです。上手に拾って広げてくれるはずです。対男性にはニュースやスポーツの話題が無難。社内の人脈トークも鉄板ですが、政治的な地雷を踏まないように。

男は自分中心
女は相手中心

この言い方では100％モメる！

男→女　女性部下を発奮させるべく叱った

男「君の実力は、
そんなものじゃないだろう？」

女「……」

女→男　男性の後輩のミスを叱った

女「なんで確認しなかったの!?」

男「今さらそんなこと言ったって、
仕方ないじゃないですか！」

?♀?♂?

なぜ通じない？

「今どきの若い社員は繊細すぎて、ちょっと叱っただけですぐにやめちゃうからやりにくい」と、多くの中堅社員以上の人たちは、口をそろえます。

「叱って発奮させよう」というコミュニケーションは、もう時代遅れなのでしょうか。

いつの時代も若い男性は、自分の能力を過大評価し、プライドばかり高いので、そのプライドをうまくモチベーションに向ける叱り方が響きます。

「君ならもっとできるはず」「実力はこんなもんじゃないだろう？」などと、**相手の「自分好き」を刺激します。**叱りながらも、相手を認めていることを伝えるのがコツです。

一方、女性にとっての仕事のモチベーションは、「自分の成長」よりも「周囲の喜ぶ顔」です。

だから、彼女たちにとって一番避けたいのが、期待を裏切ること、がっかりさせること。**もちろん悪用は良くないですが、女性の情の深さに訴えて「がっかりさせてしまった。もっと頑張ろう」と思ってもらうのが効きます。**頭ごなしの説教やプレッシャーは逆効果。ミスを次の原動力に変えてくれる話し方をしましょう。

そうか！こう言えばよかったんだ！

男→女　女性部下を発奮させるべく叱った

男「こうやって君に注意しなきゃいけないことが残念だよ」

女「申し訳ありません。次から気をつけます」

周囲に喜ばれたい、感謝されたいと思っている女性には「感情」に訴える叱り方を。

女→男　男性の後輩のミスを叱った

女「○○さんなら、もっとできるはずなので、あえて厳しいことを言うのだけれど」

男「期待に応えられるようにします！」

成長したい、自分を高めたいと思っている男性には「伸びしろ」を期待する叱り方を。

図解でまるわかり！　男女の違い

「脳の構造」

男の脳

脳梁が細い

男は右脳と左脳をつなげる脳梁が細い

女の脳

脳梁が太い

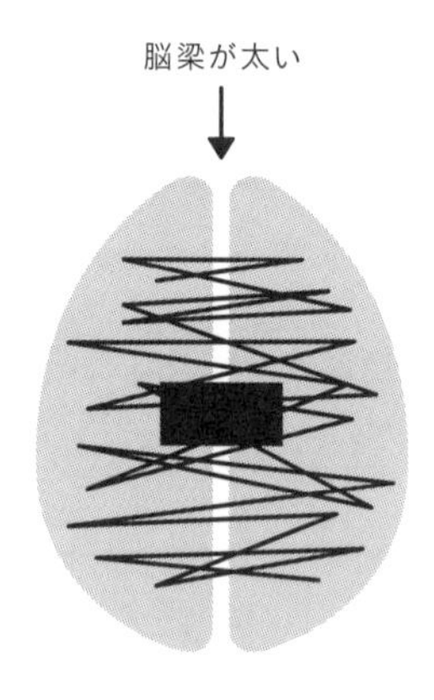

女は右脳と左脳をつなげる脳梁が太い

この章の最後に、男女の脳の違いについてお話ししておきます。右脳と左脳をつなぐ脳梁が太い女性は、感情とともに物事を記憶しやすく、過去のことも今この瞬間に起こったかのように臨場感を持って思い出せます。一方男性は脳梁が細いため、過去の出来事は「すでに終わったこと」として処理。男性に過去の話を持ち出して叱ると理不尽に思われ、女性が過去のことを話しているうちに再び怒り出すのは、脳の構造の違いによるのかもしれません。

まだまだある!

ビジネスシーンで使える 男と女のキラーフレーズ

Scene 01 ／ 担当している案件の進捗報告

男→女

× 男「問題なく進んでいます。何かありましたら報告します」
女「……（早く報告してきなさいよ）」

○ 男「ちょくちょく報告したほうが、安心ですよね？」

女→男

× 女「あ、それは今、○○さんと話していて～」
男「……（結局、どこまで進んでるんだ？）」

○ 女「来週にはテスト販売が始まります」

●男は進めたい　女は安心したい

男性はただひたすらに黙々とプロジェクトを遂行すればいいと考えがちですが、女性は定期的に報告を受けて安心したいと願っています。

Scene 02 ／ 仕事のやりとり

男→女

✕ 男「見せられるものができてから、ご連絡しますね」
女「……（なんでまず会いにこないの？）」

○ 男「一度、なんとなくのイメージを擦り合わせましょう」

女→男

✕ 女「じゃあそういう感じでお願いしますね」
男「……（そういう感じって、どんな感じ？）」

○ 女 2つのニュアンスを重視してください」

●男は効率重視　女は雰囲気重視

男性は効率を重視しがちですが、女性はそれを察知すると途端に不快に感じます。一方女性は仕事でもプライベートでも、常に雰囲気を重視します。なるべく言葉にして説明するクセをつけましょう。

Scene 03 ／ 同僚へのアドバイス

男→女

✕ 男「そんなの意味ないからやめたほうがいいよ」
女「……（やってみなければわからないじゃない）」

○ 男「なんかヤバそうだなぁ～」

女→男

✕ 女「○○のほうが好き。私だったらそっちだなー」
男「……（なんだそれ、好き嫌いで仕事するなよ）」

○ 女「○○は可能性あると思うから、一度提案してみたら？」

●男は「良い・悪い」　女は「好き・嫌い」

男性はアドバイスをするときに、良い・悪い、効率・非効率で判断します。そのまま女性に伝えても、受け入れられることは少ないでしょう。一方女性は、好き嫌いの観点や、「もし私だったら」という視点で話しますが、男性から理解されません。受け取りやすいボールを投げましょう。

Scene 04 / チームの戦略会議

男→女

× 男「関西については、直接担当に聞いてください」
女「……（そんなのついでに聞いておいてよ）」

○ 男「関西はどうなんでしょうね。聞いておきましょうか？」

女→男

× 女「得意先は、この計画に反対のようです」
男「……（もうちょっと説得してこいよ）」

○ 女「得意先の意見を変えさせる方法、ないでしょうか」

●男は気がきかない　女は粘りがきかない

男性は自分のテリトリー以外のものには手を出さない傾向があります。一方女性は、相手の感情が乗ってこないと、どうしても腰が引けがち。自らの弱点を意識して、積極性をアピールしましょう。

Scene 05 / 他部署への連絡

男→女

× 男「ウチのチームの新人がミスしたんで、フォロー頼みます」
女「……（あんたが上司でしょうが）」

○ 男「ウチのミスです。すみませんがフォローしてもらえますか？」

女→男

× 女「すみません、この書類の確認をお願いします」
男「……（なんで謝るのかな）」

○ 女「時間のあるときに、この書類の確認をお願いします」

●男は責任をとらない　女はすぐに謝る

男性は自分の責任をとりたくないと常に感じている生き物です。一方女性は、小さなことでも責任を感じ、謝る必要のないところでも「謝り言葉」が口に出てくることがありますが、これはよしましょう。

Scene 06 ／ モチベーションを上げる

男→女

✕ 男「ウチの部署に来て、もう長いよね？」
女「……（不要ってこと？）」

○ 男「ずっとウチにいてほしいと思ってる」

女→男

✕ 女「最近、よく頑張ってるね～」
男「……（はー）」

○ 女「このペースだと、そろそろ昇進もあるね」

●男はほうびがほしい　女は居場所がほしい

男は評価や序列が大好きです。ですから、モチベーションを上げるにはそこをくすぐることが効果的。一方女性は自分の価値や居場所を感じたい。存在を尊重する言葉を選びましょう。

Scene 07 ／ 問題の洗い出し

男→女

✕ 男「君は、どう指示したんだよ？」
女「……でも！　私のせいじゃありません」

○ 男「今回は、どの段階ですれ違いがおこったのかな」

女→男

✕ 女「担当の○○を呼びましょうか？」
男「……（君が上司だろう）」

○ 女「私の監督不行き届きです。経緯としては……」

●男は「なぜ」にこだわる　女は「誰が」にこだわる

男性は問題の原因を探ることを目的に会話をします。一方女性は、どうしても「誰が」「私が」にこだわるので、視点は「人」に寄っていきます。この違いをふまえて話しましょう。

Scene 08 ／ 方向性を決める

男→女

× 男「3つ案がありますが、一番実現可能なA案にしませんか?」
女「でも、ユーザーにとってはC案のほうが……」

○ 男「C案にも夢を感じますが、現実的にはAですかね～」

女→男

× 女「C案が通ると、ワクワクしますよね!」
男「……(ワクワクって何?)」

○ 女「C案こそ、本来の目的に合致しています。そもそも……」

●男は楽をしたい　女はトキメキたい

男はとにかく早くゴールを決めたい生き物です。そのため、一番現実的な選択肢を選びがちです。一方女はどうしたら世のためになるか、自分がウキウキするかの観点で選びます。両者の視点は仕事を進めるうえでとても重要。ポイントはそのバランスをとることです。

Scene 09 ／ 新人の教育

男→女

× 男「ビシバシ鍛えてやってね」
女「……(イヤだな)」

○ 男「いろいろ助けてあげてね」

女→男

× 女「いろいろ面倒見てあげてね」
男「……(めんどくさいな)」

○ 女「○○君もそろそろそういう立場だからね」

●男は隊長　女はお母さん

男はリーダーになることで発奮。自分よりも序列が低い部下や後輩はビシビシと鍛えたいと考えています。一方女性はお局にはなりたくないし、ましてや鍛えるなんてわからない。この差を埋めてあげましょう。

単なる日常会話と
思うなかれ。
雑談を制するものは
すべてを制す！

第３章

日常編

友人同士や趣味のグループ、近所の会合など、ビジネス以外の場で男性と女性が一緒になった場合、大事なのは、そつなく会話を続け、無難なコミュニケーションを図ることです。男と女、それぞれの考え方の違いを知って、日常の会話をスムーズに進めましょう。

男は自己紹介で所属を言う
女は自己紹介で関係を言う

この言い方では100%モメる！

男→女 | 参加者がほとんど女性の父母会で自己紹介することになった

男「△△です。IT関連の会社に勤めて10年になります」

女「……」

女→男 | 男性が多い飲み会で自己紹介することになった

女「今日は○○さんに誘われてきました。緊張しちゃうな、そうそう、あだ名は△△です」

男「……」

初対面の自己紹介はそれでなくても緊張するものですが、それが、異性が多いアウェイの場ではなおさらです。

「郷に入っては郷に従え」のことわざの通り、女性の輪の中に入るときは女性的なコミュニケーションを、男性の輪の中に入るときは男性的なコミュニケーションを心がけるといいでしょう。

男性の自己紹介で多いのが、自分が勤める会社名と名前を言っただけで自分を表現したつもりになっているケース。**男性としてはプロフィールを述べればいいと考えているのかもしれませんが、女性にとっては物足りません。**彼女たちが知りたいのは、新しくコミュニティに入ってきた人が、どんな人柄なのか、自分たちにとってどんな影響を与える人なのかということです。ですから、男性はその場に対する感想や、自分の趣味や特技などをひとこと付け加えて、そのコミュニティへの興味を伝えましょう。

一方で、女性のだらだらとした自己紹介は、男性には支離滅裂な印象を与えます。緊張していたとしても、感情をダダ漏れさせるのは避け、まずは事実ベースで自分の所属をはっきり伝えましょう。ビジネスの場でなくても、男性は本能的に自分との上下関係をハッキリさせたいので、相手の年齢や所属がわかると安心し、とるべき態度を決めることができます。

そうか！こう言えばよかったんだ！

男→女 | 参加者がほとんど女性の父母会で自己紹介することになった

男「○○の父親の△△です。父母会には初参加なので、仲良くしてください」

「サッカーなら教えるのが得意です」「みなさんと仲良くしていきたいです」など、その場のメンバーに関連することを伝えましょう。

女→男 | 男性が多い飲み会で自己紹介することになった

女「○○の営業をして7年目の△△です。いろいろなお話を聞かせてください」

男性が気にしているのは、所属や年齢などのスペック。自分との上下関係を知りたい男性は、シンプルなプロフィールを期待しています。

このひとことでうまくいく！ 使える簡単フレーズ

「自己紹介」

男
↓
女

○「幹事の○○さんは
大学の同期で」

○「出身は北海道です。
でもジンギスカンは大の苦手です」

○「読書が好きです。
好きな作家は○○や△△です」

女
↓
男

○「趣味は食べ歩きで、
ブログもやってます」

○「K 大学を○年に卒業し、
今年で社会人4年目です」

○「1980 年生まれの松坂世代です」

自己紹介の場では、悪目立ちせず、でもみんなに覚えてもらえる話し方をマスターしましょう。出身や経歴、趣味などの「事実」にプラスして、具体的な「体験談」や「感想」をひとこと付け加えます。ほんの少し言葉を足すだけで、急に人間味が増し、存在を身近に感じてもらえます。

男は自慢する
女は自虐する

✕ この言い方では100%モメる!

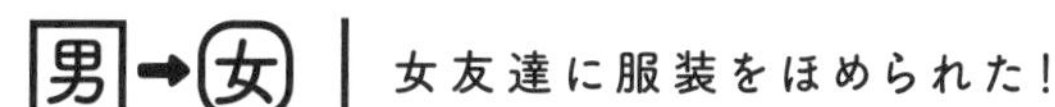

男→女　女友達に服装をほめられた!

女「○○君って、いつもオシャレだよね」

男「**わかる?　これさ、△△でオーダーしたんだ**」

女「……(はー、そうですか)」

女→男　男友達に服装をほめられた!

男「○○さん、いつもオシャレだよね」

女「**そんなことないですよ～。もう、最近太ってきちゃって**」

男「……(めんどくさい)」

なぜ通じない？

女性はよく「私って太っているから……」「私みたいなバカでも」などと自虐コメントをしがちです。**その実「そんなことないよ」とフォローされるのを待っているのが透けて見えるため、特に男性から「ウザい」と評判がよくありません。**

横社会に生きる女性は、周囲に嫌われたり妬まれたりするようなわかりやすい自慢はできない。けれども、心の中に承認欲求があるのは男も女も同様です。ですから、一見自慢には聞こえないような、自虐めいたねじれた表現で自分をアピールするのです。これを通称「自虐自慢」と言います。「初めて会った人からも童顔って言われて困る〜（若く見られていいでしょ？）」「ウチの夫なんて超ブサイクだよ！（でもラブラブなんです！）」などという発言が、その例です。

一方横社会への配慮なんておかまいなしの男性は、空気を読まずストレートに自慢話をしてしまうもの。 女社会の複雑さに比べたら無邪気でかわいいとも言えますが、嫌味に聞こえないようにするためには、いっそのこと「自慢してもいい？」「ほめてほしいから言うんだけどさ」などと、ぶっちゃけてしまうのが好印象です。

そうか！こう言えばよかったんだ！

男→女 ｜ 女友達に服装をほめられた！

女「○○君って、いつもオシャレだよね」

男 **「ちょっと自慢してもいい？これ、特注したんだよね」**

どうしても自慢したいときは、それを最初に伝えてしまうのも手。相手も、笑いながら聞いてくれることでしょう。

女→男 ｜ 男友達から服装をほめられた！

男「○○さん、いつもオシャレだよね」

女 **「ありがとう！この服、すごく気に入ってるんだ」**

素直にお礼を言える女性は好感度アップ。ストレートに嬉しい気持ちを伝えましょう。

このひとことでうまくいく! 使える簡単フレーズ

「嫌みにならない受け答え」

男↓女

- ○「(学歴をほめられて) いい学校なんですよ〜」
- ○「(物知りと言われて) 本は好きでよく読みます」
- ○「(職業をほめられて) 子どものころから夢だったので」

女↓男

- ○「(肌をほめられて) 紫外線対策が大変です」
- ○「(スタイルをほめられて) 炭水化物抜きダイエット始めたんです」
- ○「(料理をほめられて) 普段料理とかするんですか?」

多くの日本人はほめられるのが苦手。照れたり、謙遜しすぎたりすることなく、「普通の会話」ととらえましょう。相手にとって広げやすい返答を心がければいいのです。

男はえらぶる
女はもったいぶる

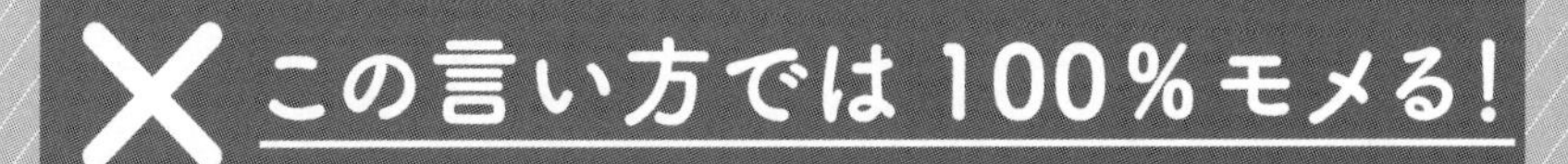

男→女　女性の同僚と互いの趣味について話していると……

女「○○君、最近サッカー頑張ってるよね」

男**「やっぱチームに貢献しないと。結果が出ないと意味ないし」**

女「……(大げさ)」

女→男　初対面の男性から年齢を聞かれた

男「失礼ですが○○さんって、おいくつなんですか?」

女**「え～、何歳に見えます?」**

男「……(なにもったいぶってんだよ)」

?♀?♂?

なぜ通じない？

テレビのトーク番組である芸人さんが「女って『女性に年齢聞くなんて失礼！』って怒るくせに、なぜか誕生日は祝ってもらいたがる」と笑いをとっていました。年齢に限らず社交辞令で聞いたことに過敏に反応する女性を、男性は面倒だなと感じます。

中でも男性が苦手とするのが「何歳に見える？」「血液型？　さあ何型でしょう？」という「質問に質問で返す」トーク。

せっかく向けられた関心を長く引っ張りたいと、ついもったいぶってしまう女性の心理は、男性からすると実にめんどくさい。「隠すほど大した情報でもないのに」「ただ尋ねただけなのに」とげんなりしてしまいます。

もちろん男性も、女性が雑談レベルで話しかけたことを、やたら大げさに受け止めてえらそうに返答してしまうことがあります。**スキあらば自分を大きく見せたいからですが、女性からすると「なんでそんなに大げさなの？」となってしまいます。**

こだわりを持って熱く話したいこと以外は、ごく普通の軽い受け答えが、世間話のマナーです。

そうか！こう言えばよかったんだ！

男→女 | 女性の同僚と互いの趣味について話していると……

女「○○君、最近サッカー頑張ってるよね」

男 **「うん、最近ハマってるんだよね。楽しいよ」**

雑談程度の日常会話で大げさな反応をすると、女性はたじろいでしまいます。いちいち自分を大きく見せようとはせず、気楽な気持ちで受け答えをしましょう。

女→男 | 初対面の男性から年齢を聞かれた

男「失礼ですが○○さんって、おいくつなんですか？」

女 **「今年で27歳になります。△△さんは？」**

男「あ、俺は30歳だよ（ほっとしている）」

年齢を聞いているのは、上下関係を確認したいだけ。相手にも確認し、「じゃあ、私のほうが後輩ですね」などと受け答えできれば完璧です。

このひとことでうまくいく！ 使える簡単フレーズ

「話のつなげ方」

男
⬇
女

○「なんか僕ばっかり
話しちゃってるね」

○「○○さんのこと、聞かせてよ」

○「最近、なにかハマってるもの
ある？」

女
⬇
男

○「話がそれちゃったね」

○「それ、くわしく教えて！」

○「ネクタイ、いい色ですね」

場の雰囲気が盛り下がったとき、スムーズに会話を再開できるひとことがあると便利です。男性が陥りがちなのが「自分の話ばかりしてしまう」こと。自分でツッコミを入れつつ、相手の話を聞こうとすると好印象に。女性がやってしまうのが「話があちこちに飛ぶ」こと。話を戻してくわしく掘り下げるよう心がけるといいでしょう。話題が見つからないときは、「視界に入ったものをそのまま言う」テクニックも有効です。

男はメンツが大事
女は約束が大事

男→女｜学生時代の友人女性に誘われていた飲み会に、急遽参加できなくなってしまった

女「○○君、今夜の飲み会来れなくなったの?」

男 **「ごめん、他の予定が入っちゃって」**

女「……(そっちを優先するのか?)」

女→男｜男友達と食事の約束をしていたが、断らなければならない

男「○○ちゃん、今日、19時で大丈夫だよね?」

女 **「ごめん、急な予定ができて」**

男「……(なぜ先に言ってこない?)」

なぜ通じない？

若い世代に話を聞くと、最近は飲み会の幹事が大変なのだそうです。というのも、メンバー同士がＬＩＮＥやチャットで常につながっているせいで、ギリギリまで飲み会参加の返事をしない人が多いから。「ドタ参」「ドタキャン」が日常茶飯事で、いつまでたっても人数が確定しない。「途中参加」「途中抜け」も当たり前。ゆるいつながりによるゆるい交流というトレンドはもう、元へ戻ることはないでしょう。

しかし、たった一回のドタキャンでも「信用できない人」「約束を守らない人」の印象を与えることもあります。改めてドタキャンの作法について考えてみましょう。

男性が重視するのは「メンツ」「プライド」です。**キャンセルされたことよりも、直前まで連絡がなかったことに腹を立てます。**男性相手には、早めに連絡をするのはもちろん、相手が納得できる理由を用意する必要があります。

一方女性は「私との約束を大事にしてほしい」と感じています。あとから決まった予定を優先するというのはもってのほか。「あなたとの約束は大して重要ではない」と宣言したのも同然です。**女性は「自分との約束を大事にしない＝自分も大事にされていない」と感じます。**どうしてもドタキャンしなくてはいけなくなったときは、相手を軽視しているわけではない「事情」を準備しましょう。

そうか！こう言えばよかったんだ！

男→女 | 学生時代の友人女性に誘われていた飲み会に、急遽参加できなくなってしまった！

女「○○君、今夜の飲み会来れなくなったの？」

男 **「ごめん、間違って別の予定があるのを忘れていたんだ」**

うっかりダブルブッキングしてしまったと言うほうが、まだ納得してもらえます。

女→男 | 男友達と食事の約束をしていたが、断らなければならない

男「○○ちゃん、今日、19時で大丈夫だよね？」

女 **「ごめんなさい、昨日何度か連絡しようと思ったんだけど、急な仕事が入って……」**

「連絡しようとした」＋「急な仕事」は、一番あきらめのつく理由になります。

このひとことでうまくいく！ 使える簡単フレーズ

「飲み会の遅刻」

男↓女

〇「乾杯は待って！」

〇「面白い話はとっておいて～」

〇「もう着きます。生ビール！」

女↓男

〇「15 分遅れます。ごめん！」

〇「申し訳ないので
先に始めててください」

〇「今駅です。何か買っていく？」

対女性には、クールに「先に始めて」と頼むよりも、ウェットに「楽しみにしてるから待っててほしい」と伝えたほうがいい場合も。逆に対男性には、誠意に加えて、冷静な時間の読みも伝えるようにします。

男は有名人をライバル扱い
女は有名人を友達扱い

✕ この言い方では100%モメる！

男→女　妻とテレビでサッカーを観ていたら……

男「最近の本田はキレがないんだよな。ここでシュートだろうが！」

女「……（何様？）」

女→男　夫とテレビでサッカーを観ていたら……

女「本田、最近子どもが生まれたらしいね。あ、この選手、髪型が面白い！」

男「……（うるさいなあ）」

?♀?♂?

なぜ通じない？

ちょっと前のことですが、世の女性たちを奈落の底に突き落としたのが「西島ショック」と「ウッチーショック」。俳優の西島秀俊とサッカー選手の内田篤人がそれぞれ一般女性と結婚したという報道を受け、「ショック」「夢がなくなった」「会社を早退する」などとSNS投稿する女性があとを絶たなかったことが報じられました。

この現象に、頭の中が「???」になったのが世の男性陣。「え？ まさか西島秀俊と結婚できると思っていたの?」と聞くと、女性は「そういうんじゃないけれど……」と言葉をにごします。**横社会に生きる女性にとっては有名人も隣の席の山田さんも等しく「私が知っている人」とカテゴライズされるのです。**「えー、内田君、結婚するの？ 私に報告がなくて寂しい……」あたりが、女性たちの正直な気持ちだったのかもしれません。

一方、女性にとって謎なのが、テレビの中のゴルフの石川遼やテニスの錦織圭に説教をしようとする男性たち。素人のくせに、世界で活躍する選手に向かって「もっとヘッドを落とさなきゃ」「そっちじゃないよ！」と叱咤している姿は滑稽でしかありません。**縦社会に生きる男性にとって、有名人だろうが年下は年下。**ついライバル視して先輩風を吹かせ、張り合ってしまうというわけです。

有名人に対する距離感ひとつとっても、男性と女性の間には大きな違いがあるのです。

そうか！こう言えばよかったんだ！

男→女　妻とテレビでサッカーを観ていたら……

男「一緒に応援しようよ！」

女「ありがとう。でも一人で見ていいよ」

スポーツ観戦は、できることなら一人で集中して観たいというのが男性の本音。ですが、女性と一緒に観なくてはいけない状況になったら、腹をくくって気づかいを。

女→男　夫とテレビでサッカーを観ていたら……

女「今のプレイって、そんなにすごいの？」

男「そうだよ！（ウンチクを語り出す）」

集中したい男性にとって、女性が次々と繰り出す「プレイには関係ない話題」はイライラします。一緒に観戦するなら、男性に解説をしてもらいながら観るのがマナー。

このひとことでうまくいく！ 使える簡単フレーズ

「スポーツ観戦」

男→女

○「この選手って苦労人で、ようやく最近芽が出てきたんだ」

○「この2人は、高校のときからライバルで……」

○「監督と仲悪いんだって」

女→男

○「この人って年俸○○○円らしいよ（スマホで調べながら）」

○「次、誰を交代させたらいいと思う？」

○「9時まででしょ。見ちゃったら？何か作ろうか？」

スポーツ観戦は、男の狩りの本能を満たす時間とも言われています。なるべくなら一人の時間を作って（あるいは男仲間と）見たほうがいいですが、女性と見るなら、「プレイ」や「戦術」ではなく「選手」「人物」にフォーカスした話題を。略歴や背景のドラマなら、一緒に楽しむことができます。一方対男性には、時間を区切って集中させてあげる気づかいを。

男は励まされたい
女はなぐさめられたい

✕ この言い方では100%モメる！

男→女　女友達が資格試験に落ちてしまったらしい

女「あんなに頑張ってたのになぁ。がっかり」

男「**大丈夫、大丈夫。大したことないって。来年また受ければいいよ**」

女「……（ムッ）」

女→男　男友達が仕事でミスをしてしまったらしい

男「今回は、やらかしちゃったなぁ……」

女「**そっかー、そういうの辛いよね。わかるー**」

男「……（ムッ）」

なぜ通じない？

男性が仕事の悩みを相談する場合は「解決したい」と考えていて、女性が悩みを相談する場合は「ただ共感してもらいたい」ケースが多いということは、前述した通りです。

さらに一歩踏み込むと、何かミスをして落ち込んだとき、男性はミスの度合いを把握し、今後リカバリーできると思えば、立ち直ることができます。

「わかる。つらいよね」と傷口に塩を塗ったり「何かできることある？」と問いかけて男性の課題を増やしたりするのは逆効果。落ち込んでいる男性にかけるべき言葉は、「あなたが思っているほど、そのミスは大きくなかった」という客観的な分析と、今後に対する励ましです。

逆に女性は、自分が選択した過去のプロセスが間違っていなかったと確信できれば、たとえそれが失敗という結果に終わったとしても、気持ちの整理がつき、安心します。**男性はつい、「もっとこうすれば？」とアドバイスしたり、「大したことないよ」とフォローしたりしますが、それは逆効果。**

落ち込んでいる女性にかけるべき言葉は、「あなたは間違っていなかった」という、なぐさめの言葉なのです。

◯ そうか！こう言えばよかったんだ！

男→女 | 女友達が資格試験に落ちてしまったらしい

女「あんなに頑張ってたのになぁ。がっかり」

男**「でも、精一杯やったと思うよ」**

女「うん。聞いてくれて、ありがとう」

「大したことない＝気にすることはない」とはげましているつもりでも、落ち込んでいる女性は「私の悩みなんてちっぽけってこと？」と解釈してしまいます。

女→男 | 男友達が仕事でミスをしてしまったらしい

男「今回は、やらかしちゃったなぁ……」

女**「大丈夫。○○君なら、挽回できるって」**

男「だよね!?」

大して落ち込んでいない男性は、なぐさめてほしいわけではありません。ミスは大きくないという事実と、未来に向けた目標を伝えると、男性は落ち着きます。

このひとことでうまくいく！ 使える簡単フレーズ

「落ち込んでいる人への対処」

男↓女

- ○「よく頑張ったね、つらかったでしょ」
- ○「その気持ち、よくわかるよ」
- ○「僕も似たような経験、したことあるけどさ」

女↓男

- ○「気にしなくても、全然大丈夫」
- ○「あなたなら、できる」
- ○「理由はないけど、なんかうまくいきそう！」

男性には「現状把握＋未来への励まし」、女性には「過去の肯定＋なぐさめ」が効果的です。

男は顔目当て
女は金目当て

✕ この言い方では100%モメる！

男→女　幹事の女性に合コンについて相談中

女「今度の飲み会、メンバーどうしようか？」
男 **「かわいい子、連れてきてよ」**
女「……（はぁ？）」

女→男　幹事の男性に合コンについて相談中

男「今度の飲み会、メンバーどうしようか？」
女 **「一流企業の人がいいなあ」**
男「……（まじ？）」

?♀?♂?

なぜ通じない？

よく言われる小話ですが、合コンにおいて男がつねづね不満に思っているのは、「幹事から『かわいい友達を連れていくね』と言われた場合、その本人よりかわいい子が来ためしがない」ということです（笑）。でも、これをそのまま幹事に伝えると「○○ちゃんのどこがかわいくないっていうの？」と、まるで自分がけなされたかのように激怒されます。**女にとっては「優しい」や「性格がいい」や「雰囲気がいい」もすべてひっくるめて「かわいい＝私の好きな子」なのですから。**

合コンにおいて、幹事の女の子に好印象を持たれておくことは後々とても重要です。「かわいい子を連れてきてね」と指定してムッとされ、あげくの果てにその「かわいい」の基準が女の子任せならば、いっそのこと、「君と仲のいい子なら、きっとみんないい子に違いないよね」という伝え方をしておいたほうが無難というもの。

一方男性は、女性に対する幻想として、年収や肩書きだけを見てほしくない、と思っています。だから女性から「商社マン連れてきて♪」と言われようものなら「けっ！」と心の中で毒づくのです。とは言え「どんな人でもいいよ」とオーダーすると、「察する」センサーがにぶい男性は、本当にどうでもいい男を連れてきてしまうリスクがあるので、幹事の男性を立てつつも、しっかり理想を伝えましょう。

○ そうか！こう言えばよかったんだ！

男→女 ｜ 幹事の女性に合コンについて相談中

女「今度の飲み会、メンバーどうしようか？」

男 **「○○ちゃんの仲良しの子を連れてきてほしいな」**

どうせ、顔の好みは指定できないのだから（しても嫌がられるのだから）、幹事の女の子に気に入ってもらえるほうが、戦略上有益。

女→男 ｜ 幹事の男性に合コンについて相談中

男「今度の飲み会、メンバーどうしようか？」

女 **「○○君と同じ会社の人に会ってみたい」**

男「そっか！　同期に声かけてみるね」

同じ会社、学生時代の友人などと、さりげなく条件を限定しましょう。「どんな友達がいるの？」と尋ねて一番期待が持てそうなグループを指定するのもいいでしょう。

このひとことでうまくいく！ 使える簡単フレーズ

「合コン後のフォロー」

男↓女

○「みんないい子だったね」

○「○○ちゃんの友達は、みんな素敵でかわいいね」

○「今度は●●●に行こうよ」

女↓男

○「今日はたくさん笑った！」

○「みんなも楽しいって言ってたよ」

○「またぜひ、やろうね！」

対女性には、幹事とその仲間たちが素敵だったことを伝えます。間違っても「○○ちゃんはタイプだったけど、△△ちゃんはイマイチ」などと女社会の調和を乱さないこと。対男性には「楽しませてもらった」旨を伝えて、頑張りをほめたたえます。「また誘ってね」よりも「一緒に楽しもう」という前向きな言葉のほうが、男としては負担がありません。

まだまだある!

日常で使える 男と女のキラーフレーズ

Scene 01 ／ 第三者が急に来れない

男↓女

✕ 男「そっか。じゃ、代わり、誰にしようか」
女「……(冷たい人)」

○ 男「残念だね。〇〇の分まで楽しもう!」

女↓男

✕ 女「かわいそう。あんなに楽しみにしてたのに……」
男「……(何を言ってるんだ?)」

○ 女「〇〇には、私からフォローしておくね」

●男は即物的　女は感傷的

手段を選ばずゴールを目指す男が率直に話してしまうと、女性から引かれることが多々あります。「残念」などの感情ワードを必ず入れることで、連帯感をアピールしましょう。一方女性は感情を出しすぎないこと。男性からめんどくさい女と思われます。

Scene 02 ／ フェイスブックの申請

男→女

× 男「あ、じゃあ、そちらから申請してください」
女「……(あれ？　なんで私から？)」

○ 男「僕、あんまり詳しくないんで、申請してもらえますか？」

女→男

× 女「フェイスブックやってます？　つながりましょうよ!!」
男「…(なんでお前と友達にならなくちゃいけないんだよ)」

○ 女「私から申請しますんで、よかったら承認してくださいね」

●男は孤高　女は友好

男はプライドが高い生き物。たかがSNSであっても、男女関わらず自分から「友達になってください」と申請するなんてもってのほかと考えています。一方女性はフランクに友達になろうとします。

Scene 03 ／ 女からの打ち明け話

男→女

× 男「えー!　突然なんだよ!?　早く言ってよ!」
女「……(前から思ってたけど？)」

○ 男「わー、突然でびっくりしたよ」

女→男

× 女「あのね、前から思ってたんだけど」
男「え!(なんで今？)」

○ 女「驚くだろうけど、言っておきたいことがあるんだ」

●男はのん気　女は本気

いつもボンヤリしている男は、驚かされると怒り出したりします。「びっくりした」と感情を素直に表現するにとどめましょう。女性は丁寧な前フリを忘れずに。

Scene 04 ／ 外見の話題

男→女

× 男「すごく落ち着いて見えますよね」
女「……（老けてるってこと？）」

○ 男「いつもおしゃれですよね」

女→男

× 女「若く見えますね」
男「……（子どもっぽいってこと）」

○ 女「ほんと頼もしいですよね」

●男は先輩でいたい　女は後輩でいたい

女性の外見についてコメントするのは大変リスキー。とにかく「老けている」と連想される言葉は使わないこと。逆に男性は幼く見えることを嫌います。それはすべての人間関係においてなめられたくないからです。

Scene 05 ／ 相手の友達の話題

男→女

× 男「友達の中では、誰が一番モテるの？」
女「……（は？）」

○ 男「友達の○○ちゃんって、どんな子？」

女→男

× 女「友達の中では、誰が一番モテるの？」
男「……（は？）」

○ 女「友達の中では、誰が一番モテたの？」

●男はライバル　女は一枚岩

調和を重んじる女性に、友達に順位をつけさせるのは酷なこと。一方男性も、ライバル心からハッキリ順位をつけたがりませんが、過去の実績であれば、すんなり話してくれます。

Scene 06 ／ 父母会での会話

男↓女

✕ 男「そもそも、この話し合いの目的はなんでしたっけ？」
女「は？」

○ 男「今回のところは○○にしてみませんか？」

女↓男

✕ 女「あまりご存知ないでしょうから、私たちでやりましょうか」
男「……（俺だって理解しようとしてるんだよ）」

○ 女「○○のリーダーをお願いできますか？」

●男は所在ない　女は如才ない

女中心のコミュニティでは、男はどうふるまったらいいかわかりません。適当な役目を与えてあげましょう。男性は、話し合いを「下支え」することに専念します。

Scene 07 ／ 結婚式での雑談

男↓女

✕ 男「仕事は何をされてるんですか？」
女「は？」

○ 男「新婦、きれいですね」

女↓男

✕ 女「素敵な式ですよね～♪」
男「はぁ……」

○ 女「仕事は何をされてるんですか？」

●男は結婚式嫌い　女は結婚式好き

男はそもそも結婚式をそれほど楽しめていないので、さっさと彼らの得意な話題へリードしてあげましょう。一方女性は結婚式にウットリしているので、その気分を上手にくみとってあげると喜ばれます。

Scene 08 ／ 義理の両親との雑談

男↓女

✕ 男「会社の業績が良くないんですよー」
女「……（聞きたくない）」

○ 男「趣味の○○、最近いかがですか？」

女↓男

✕ 女「彼は小さいとき、どんな子でした？」
男「……（よく知らない）」

○ 女「お体、お変わりないですか？」

●男はいたわられたい　女は興味を持たれたい

義理の両親との会話は、基本的には高齢者への対応と変わりません。変にそれぞれの家庭の話にするとヤブヘビになることもあるので、義父には体調を気づかい、義母にはアクティブな日常を聞き出すようにします。

Scene 09 ／ 飲食店のカウンターで店主と雑談

男↓女

✕ 男「店の経営も大変なんじゃないですか？」
女「……」

○ 男「ちょっと悩みごとがあって……」

女↓男

✕ 女「もう仕事なんてやめたい！」
男「……」

○ 女「この料理、初めて見る！」

●男は語りたい　女はしゃべりたい

相手は店の人ですから、基本的には何を話してもＯＫですが、相手がサービスしやすいようなテーマを選ぶと、好印象。女性の店主であれば悩み相談を持ちかけると食いつくでしょうし、男性の店主にはウンチクを語らせれば、気を良くしてサービスで何か出してくれるかも。

できればモメたくない
こんなとき、あんなとき……
「男語」と「女語」を
使い分ければ
もう怖くない！

第４章

恋愛編

恋愛という本能的でパーソナルな関係においては、「男性らしさ」「女性らしさ」の違いが生々しく出ます。ここでは、気になる人へのアプローチからデート、結婚準備や別れ話まで、シーンごとに男女のすれ違いが生まれやすいポイントを解説していきます。

男はモテる女が好き
女は一途な男が好き

この言い方では100%モメる!

男→女 「かわいい!」と思う女性から、彼女がいるか聞かれた!

女「○○君は彼女いるの?」

男**「うん。いるんだけど、うまくいってないんだ」**

女「……(ちゃんと彼女、大事にしなよ)」

女→男 「いいな!」と思う男性から、彼氏がいるか聞かれた!

男「○○ちゃんは彼氏いるの?」

女**「それが、もう何年もいないんだよね。久しぶりにデートとかしてみたいなぁ」**

男「……(この女、何か問題あるのか?)」

?♀?♂?

なぜ通じない？

男性の気を引きたいのか、清純派に見せたいのか、はたまた実際にそうだから仕方ないのか。「ずっと彼氏いない」アピールをする女性がいますが、これは男を一気に引かせる要注意フレーズです。そのほか、「最近、とんとご無沙汰で」や「私なんかもうオバさんだから」というような、腰が引けて「打席に立っていない感」のある発言も、男を萎えさせます。そこには女性たちの「グイグイ前に出たあげく相手にされなかったら恥ずかしい」という守りの気持ちも見え隠れします。

男性にとって彼女や妻は自分が狩りをした結果得られる、いわば戦利品。あるいは身につけて自慢したいブランド品。**だから誰もが認めるイイ女であるのが理想です。**そんな男性に対して、「誰からも相手にされていない〝空き家物件感〟」を出してはいけません。ますますモテから遠ざかってしまいます。

男が「みんなからモテる女」が好きな一方で、女は「一途な男」が好き。**彼女がいるのに他の女に気があるそぶりを見せる男は最初からマイナス評価です。**女性が「今までの彼女とはどれくらい続いたの？」と尋ねた場合、それはころころ彼女を変えていないか、「一途度」をチェックしています。

そうか！こう言えばよかったんだ！

男→女 「かわいい！」と思った女性から、
彼女がいるか聞かれた！

女「○○君は彼女いるの？」

男 **「しばらくいないんだよね」**

女「そうなんだー（私にもチャンスあるかも！）」

「彼女がいるのに、アプローチしてくる男」は、自分と付き合ったときも幸せにしてくれないと思うので、ここは（本当はいても）「いない」の一点張りで。

女→男 「いいな！」と思う男性から、
彼氏がいるか聞かれた！

男「○○ちゃんは彼氏いるの？」

女 **「今は、いないんだー」**

男「へ～意外（ラッキー！）」

「過去に彼氏がいたことはある」というクオリティの担保はしつつ、でも今は彼氏がいないことをアピールすれば、男性の狩猟本能（購買欲）を刺激できるでしょう。

図解でまるわかり！　男女の違い

「人気」と「相性」

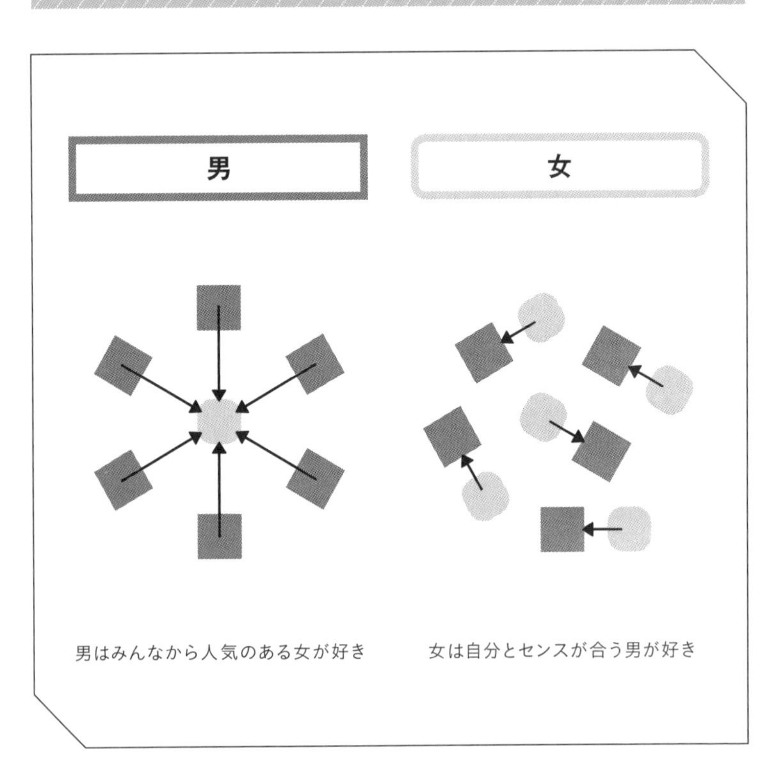

男性は「みんなに人気の女性」が好きなので、まず外見に反応します。身も蓋もありませんが、モテたければまず外見を磨くのが近道。一方女性は「自分が好きな男性」が好きなので、どんな男性でもチャンスがあります。しかも他人が見向きもしない男性のほうが「私のセンスが反映された男」として誇らしい気持ちに。女性がよく言う「好きになった人がタイプ」というのは、本当に本当なのです。

男には勘違いを
女には好感度を

男→女 | 合コンで隣に座った女性から、好みのタイプを聞かれた！

女「○○君はどんなタイプの女の子が好み？」

男 **「女優の○○みたいなロングヘアの子が好きだなあ」**

女「……（失礼！）」

女→男 | 合コンで隣に座った男性から、好みのタイプを聞かれた！

男「○○ちゃんはどんなタイプの男が好み？」

女 **「え～。好きになった人がタイプかな」**

男「……（話が広がらない）」

なぜ通じない？

「どんなタイプの女の子が好み？」という女性の質問ほど、男性にとってリスキーな地雷はありません。「かわいい子」と言ったら「ああ、面食いなのね」と思われ、「ガッキーみたいな子」と言ったら「そんなのいるわけないじゃん」とあきれられ、「ＡＫＢの……」と言うと「はい、ロリコン」と揚げ足をとられる。もう散々です。本当なら、黙秘権を行使したいくらいですが、ここは亀のようにひたすらガードしてディフェンスに徹する技を覚えましょう。

大事なのは、その場にいるすべての女性を敵に回さない回答をすることです。というのも、目当ての子にどれだけ気に入られようとも同席していた友達に「〇〇君って、身勝手そう」「そうそう、やめときなよ」などと言われたら、一巻の終わりです。大事なのは「将を射止めんとするなら、馬を射止めよ」の精神。**多少面白みに欠けても敵を作らない回答を心がけましょう。**具体的な芸能人の名前や髪の長さ、服のテイストなどを言うのはＮＧ。参加した女性全員に「いい人」と思われるようなあたりさわりのない答えが正解です。

逆に、単純で、わかりやすいものが好きな男性に対して「好きになった人がタイプ」と本当のことを答えても、難易度が高く頑張りを引き出せません（笑）。「え、俺のことかな？」と勘違いさせる回答を用意しましょう。

そうか!こう言えばよかったんだ!

男→女 | 合コンで隣に座った女性から、好みのタイプを聞かれた!

女「○○君はどんなタイプの女の子が好み?」

男 **「よく笑う子がいいな」**

女「いいよねー!」

誰か一人を特定するような言葉は、女性同士の空気を悪くします。他には「頑張り屋さん」なども好感度高め。

女→男 | 合コンで隣に座った男性から、好みのタイプを聞かれた!

男「○○ちゃんはどんなタイプの男が好み?」

女 **「仕事に一生懸命な人かな」**

男「えっ、俺のこと?(冗談めかして)」

「俺のこと?」と勘違いできる回答を。男性は、相手から好意を持たれているかもしれないと感じると、自然と好意が芽生えます。

このひとことでうまくいく！ 使える簡単フレーズ

「好みのタイプの答え方」

男
↓
女

〇「素直な子かな」

〇「ごはんを美味しそうに食べる子」

〇「元気な人がいいな」

女
↓
男

〇「男友達が多い人」

〇「少年みたいな心を持った人」

〇「頭の回転が速い人」

何を言っても地雷につながる可能性を秘めているのが、好みのタイプ問答。女性に答えるときのポイントは、女性自身も素敵だなと思えるような女性像を答えること。一方男性に対しては、「男性が価値を置いているものを理解してますよ」とアピールできるといいでしょう。

男はナンバーワンになりたい
女はオンリーワンになりたい

✕ この言い方では100％モメる！

男→女 | 彼女にプロポーズするとき

男「君のことが他の誰よりも好きなんだ。結婚してくれないか」

女「……（誰と比べてるの？）」

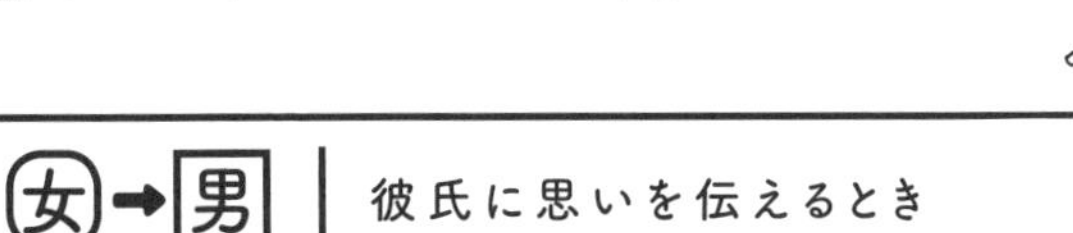

女→男 | 彼氏に思いを伝えるとき

女「私が好きなのはあなただけよ」

男「……（ピンとこない）」

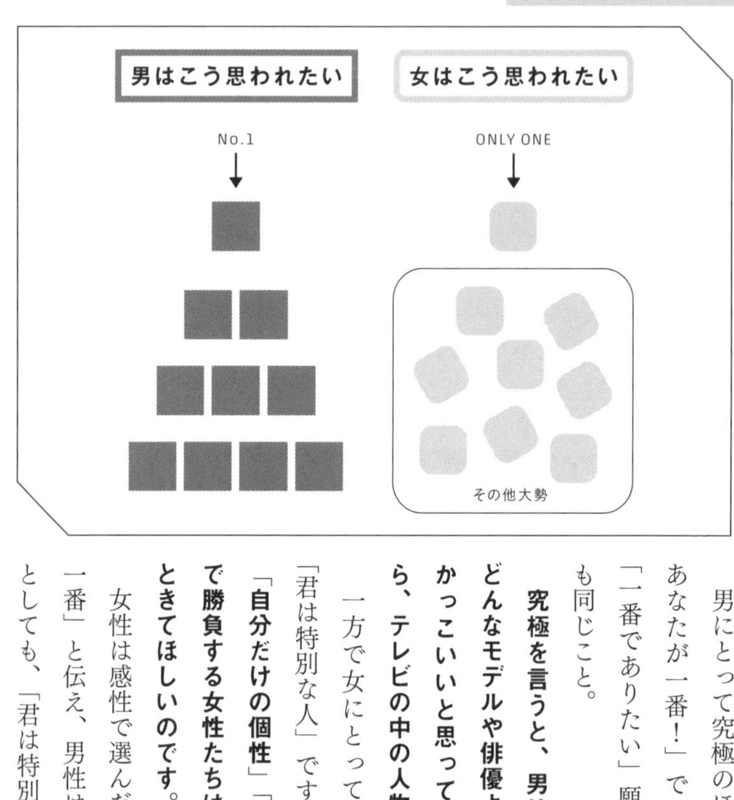

男にとって究極のほめ言葉は「世界中であなたが一番！」です。男の「勝ちたい」「一番でありたい」願望は、恋愛シーンでも同じこと。

究極を言うと、男性は自分の彼女には、どんなモデルや俳優よりも、自分のほうがかっこいいと思ってほしいのです。だから、テレビの中の人物にも嫉妬します。

一方で女にとっての究極のほめ言葉は「君は特別な人」です。

「自分だけの個性」「隠れた魅力・センス」で勝負する女性たちは、男性から「ピン！」ときてほしいのです。

女性は感性で選んだとしても「あなたが一番」と伝え、男性はいろいろ見て決めたとしても、「君は特別」と伝えましょう。

○ そうか！こう言えばよかったんだ！

男→女 ｜ 彼女にプロポーズするとき

男「僕にとって特別な人なんだ！」

女「嬉しい！」

「ほかの女性とは比較にならない存在」「君だけなんだ」とアピールをして、女性のオンリーワン願望を満たしてあげましょう。

女→男 ｜ 彼氏に思いを伝えるとき

女「世界で一番あなたが好き！」

男「嬉しいな！」

「今までで一番」「あなたが一番」「世界で一番素敵」などの、わかりやすい表現で、男性のナンバーワン欲求をくすぐってあげましょう。

このひとことでうまくいく！ 使える簡単フレーズ

「愛を伝える」

男↓女

- ○「こんな気持ちになるのは、君が初めて」
- ○「君なしではいられない」
- ○「最初はそうでもなかったけど、気づくと惹かれてた」

女↓男

- ○「今日のパーティの中で、断然素敵だったな」
- ○「今までつきあってきた人の中でズバ抜けて頭がいい」
- ○「キムタク、ニノより、全然かっこいいよ」

対女性にロマンチックなセリフを言うコツは「ストーリー」。テレビドラマの終盤に出てきそうなセリフを選びます。男性をキュンとさせたいなら、コツは「インパクト」。テレビドラマの序盤で出てきそうなセリフをぶつけましょう。

男の「なんでもいい」は「どうでもいい」
女の「なんでもいい」は「いい感じで」

この言い方では100％モメる！

男→女　デート中のランチで、何を食べようかという話になり……

女「お昼、何食べようか？」
男**「なんでもいいよね？　この間行きたいって言ってた○○でいいかな」**
女「……（勝手に決めないで）」

女→男　デート中のランチで、何を食べようかという話になり……

男「お昼、何食べたい？」
女**「うーん、なんでもいいよ」**
男「じゃあ、ラーメンにしようか」
女**「えー、ラーメンはやだなあ」**

?♀?♂?

なぜ通じない？

「なんでもいい」という言葉は、日常的によく使う言葉ですが、カップル間の会話では男女で意味が違ってきます。

男性の「なんでもいい」は「（こだわりがなくて）どうでもいい」。

女性の「なんでもいい」は「（自分が好むものであれば）どれでもいい」を指します。

ですから互いに「なんでもいい」と言うだけでは、当然会話がすれ違ってしまいます。「男性の真意」＝「どうでもいい」が相手に伝わると、「この人やる気ないのかな」と悲しまれてしまいます。一方女性の真意である「いい感じにお願いね」は、ともすると相手にとって負担・プレッシャーに。

モメないカップルはここで上手に「あなたがある程度選んでくれれば、私が決める」と共同作業に持ち込みます。男性の「あなたが選んで」は、「勝手に決めず、あなたの意見を尊重していますよ」という意味になりますし、女性の「あなたが選んで」は「男性にリーダーシップを委ねていますよ」という意味が加わり、どちらも好感度が上がります。

○ そうか！こう言えばよかったんだ！

男→女 | デート中のランチで、何を食べようかという話になり……

女「お昼、何食べようか？」

男 **「何食べたい気分？」**

女「うーん、そうだなあ、和食系かな」

昨日と今日ではまったく「気分」が違うのが女性。男性は勝手に店を決めないで、一度女性に、大まかな方向を聞くといいでしょう。

女→男 | デート中のランチで、何を食べようかという話になり……

男「お昼、何食べたい？」

女 **「和食かイタリアンの気分かな。あなたは？」**

男「OK。じゃあ和食でいい店知ってるから、そこにしようよ」

「○○か××」と選択肢を挙げ、最後は男性に「決めさせてあげる」といいでしょう。男性もプライドが保てて、いい気分になれます。

このひとことでうまくいく！ 使える簡単フレーズ

「店の提案」

男↓女

○「夜景が見えるとこでしっとり飲もうか？」

○「パーッと景気よく焼き肉行く？」

○「餃子＆ビール大会とか、どう？」

女↓男

○「昨日中華だったから、さっぱりしたものがいい」

○「日本酒が飲みたいから、日本酒が美味しいお店！」

○「テレビで見たあのお店に行きたい」

雰囲気重視の女性は「何を食べるか」よりも「どう食べるか」が重要。いつものデートもイベントっぽく言い回しを変えるだけで、非日常になります。理屈重視の男性は、理由と指示を求めています。ムリにでも「〜〜から、〜〜したい」という構文を意識しましょう。

男は関係を隠したい
女は関係を明かしたい

この言い方では100%モメる！

男→女｜彼女を男友達に紹介することになった

男「**こちらは○○ちゃん。最近、飲み会で知り合って、ね？**」

女「……（私って、彼の何なの？）」

女→男｜彼氏の男友達に初めて会うことになった

女「**○○で～す。△△君とは付き合い始めたばっかりで、ラブラブです～**」

男「……（おいおい、恥ずかしいよ）」

先日、家族ぐるみの付き合いをしている仲間内の会に、友人が彼女を連れてきました。ところが、その友人は彼女のことをちゃんと紹介しようとしないのです。「どんな関係なの？」と聞いても「いや、取引先で働いている○○さん」と言うだけで、「2人が付き合っている」という事実を言いたがりません。彼女の表情からはやきもきしていることが伝わってきました。

彼からしてみると、友人たちがいる場に連れてきていることで十分「世界」にお披露目しているつもりですが、女性は明言してもらえないと不安。通常とは逆で「説明しない男」にイライラしている構図です。

逆のパターンもあります。以前『10日間で男を上手にフル方法』（ドナルド・ペトリ、2003年）という映画がありました。これは、男と別れたい女性が、わざと毎日男に嫌われる行動をとり続ける映画です。そのうちのひとつに「男同士の集まりに参加して、甲斐甲斐しく世話を焼き、彼女ぶる」という行為がありました。

まさにこれこそ、男性が最も嫌がる行為です。**男のテリトリーだということを「察しない女」にストレスをためるというわけ。**友達に紹介されるときはお互い気をつけましょう（笑）。

 そうか！こう言えばよかったんだ！

男→女 ｜ 彼女を男友達に紹介するとき

男「**彼女の○○さんです**」

女「（はっきり伝えてくれて嬉しい）」

開口一番、関係を明確に伝えることで、安心する彼女。どこで知り合ったかよりも先に、まずは関係を。

女→男 ｜ 彼氏の男友達に初めて会うことになった

女「**はじめまして、○○です。△△さんの部の後輩にあたります。今日はお邪魔かと思いますがよろしくお願いします**」

男「（さすが俺の彼女！）」

関係の紹介は彼に任せて、基本通りの自己紹介とあいさつに徹しましょう。

図解でまるわかり！　男女の違い

「世間」と「世界」

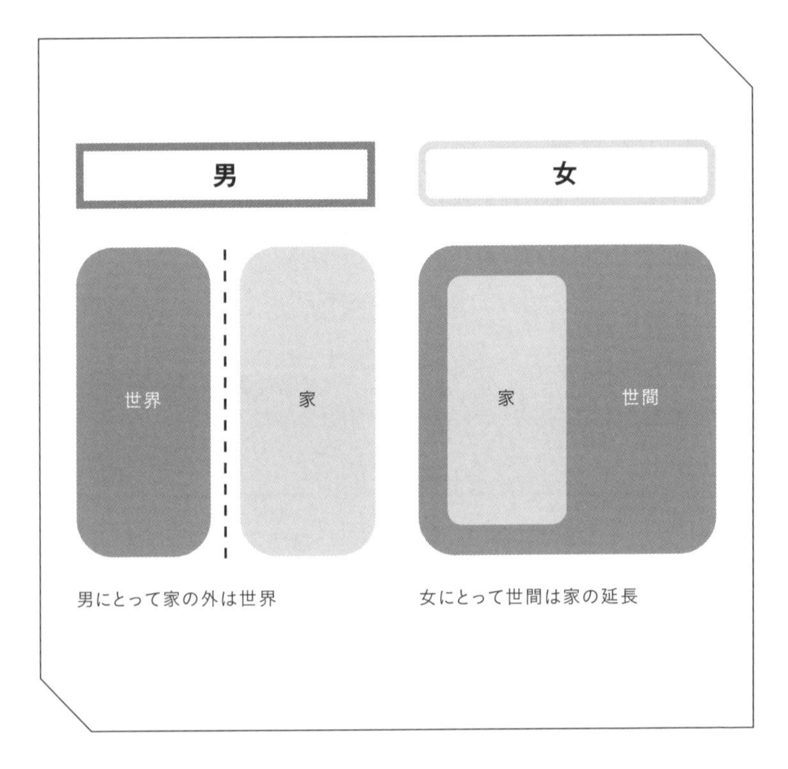

「男は敷居を跨げば七人の敵あり」ということわざがある通り、男性はライバルや敵だらけの世の中へ気を張って出向きます。一方女性にとって世の中は家と地続き。パーソナルなことを口にするのにも抵抗がありません。「世間話」が得意な女と、すぐに「世界に通用する人材」と力む男の違いと言えます。

男は段取り重視
女はアンテナ重視

この言い方では100％モメる！

男→女　彼女と旅行プランを練っているとき

女「AもBも、あ、Cも見てみたいなー」
男**「でも、Cに行くとなると、時間の効率が悪いんだよね」**
女「……（効率とかどうでもいい）」

女→男　彼氏と電車の中で、このあとの予定について話しているとき

男「このあとはAに行く予定だからね」
女**「あ、そうだ、私Bにも寄りたいんだ。あと、Cも気になる！」**
男「……（せっかく立てた予定が）」

なぜ通じない？

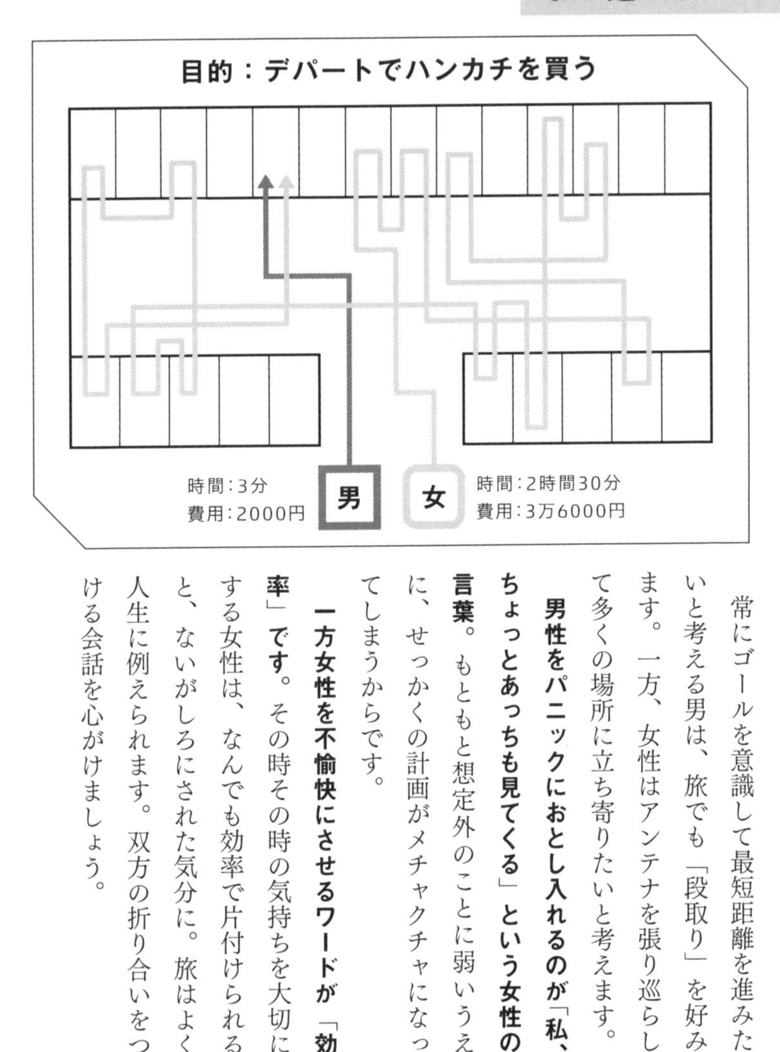

常にゴールを意識して最短距離を進みたいと考える男は、旅でも「段取り」を好みます。一方、女性はアンテナを張り巡らして多くの場所に立ち寄りたいと考えます。

男性をパニックにおとし入れるのが「私、ちょっとあっちも見てくる」という女性の言葉。もともと想定外のことに弱いうえに、せっかくの計画がメチャクチャになってしまうからです。

一方女性を不愉快にさせるワードが「効率」です。その時その時の気持ちを大切にする女性は、なんでも効率で片付けられると、ないがしろにされた気分に。旅はよく人生に例えられます。双方の折り合いをつける会話を心がけましょう。

そうか！こう言えばよかったんだ！

男→女 | 彼女と旅行プランを練っているとき

女「AもBも、あ、Cも見てみたいなー」
男**「いろいろ見て回りたいよね。大まかなプランを考えてみたんだけど、どう？」**

女性は効率重視を嫌います。とは言え、最低限のプランは必要。ガチガチに決め込みすぎない提案が喜ばれます。

女→男 | 彼氏と電車の中で、このあとの予定について話しているとき

男「このあとはAに行く予定だからね」
女**「あ、BとCも予定に入れておいてくれる？」**
男「オッケー！」

行き当たりばったりの行動は、男性に想像以上のストレスを与えます。行きたい場所が増えた場合は、男性の「予定」に組み込んでほしい、という話し方をしましょう。

このひとことでうまくいく！ 使える簡単フレーズ

「予定を決める」

男↓女

○「（レストランで）ある程度メニュー選んじゃっていい？」

○「（ドライブで）気になるところあったら言ってね！」

○「（旅の計画で）ざっと調べてみたからプレゼンするね！」

女↓男

○「（レストランで）生春巻きは絶対食べたい！」

○「（ドライブで）このお店って途中で寄れる？」

○「（旅の計画で）観光よりもアクティビティ系がいいな！」

男性の段取り好きは、あらゆるシーンで発揮され、それが女性にとっては窮屈に感じることも多々あります。一方で女性はそのときの気分で欲しいものを頼んだり、行きたい場所に行こうとします。男性は「大まかさ」を、女性は「事前申告」を、それぞれ心がけましょう。

男は尊敬を求める
女は思いやりを求める

✕ この言い方では100％モメる！

男→女 | デートのあと、彼女からLINEがきたので返信！

女「（LINEにて）今日のデート楽しかったね」

男 **「帰りの電車、すごく混んでたよ。明日仕事で早いから寝るね」**

女「……（寂しい）」

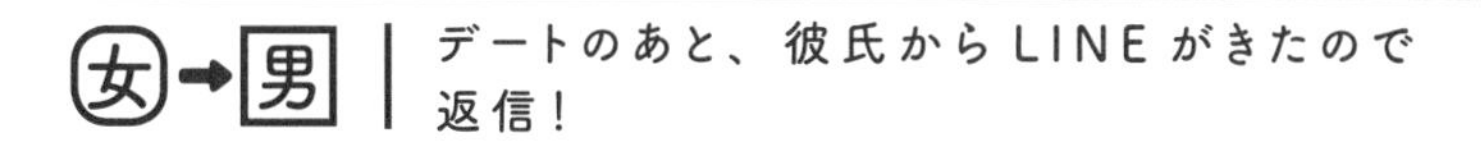

男「（LINEにて）今日のデート楽しかったね」

女 **「○○君と離れて、なんだか寂しいな」**

男「……（え！）」

デートのあとの男性は「俺は今日、よくやった」と、ひと仕事終えた気分になっています。なんなら「お勤めご苦労様です」と言われたいくらいの気持ちです。

そんなときに、彼女から「寂しいな」などと言われると、自分の頑張りに不満を言われたような気分に。女性にとって「寂しい」は「I love you」に近い意味なのかもしれませんが、男性にとってはクレームも同然。「せっかく頑張ったのに文句かよ」とウンザリしてしまいかねません。

逆に女性はデートのあともその余韻に浸っているので、男性の気分がすでにリセットされて別のことを考えているのが悲しい。別れたあとも自分を気づかってくれる優しい思いやりを求めるのです。

これは言い換えると男性は「してあげたことに対して喜ばれるのが嬉しい」と言えますし、女性は「先回りして思いやってもらえると嬉しい」とも言えます。

説明することが苦手な女性は、ついついしてもらったことに対するお礼の気持ちを省きがちですが、ちゃんと言葉に出して彼の行為をほめるようにしましょう。逆に察することが苦手な男性は、先回りは不得意でしょうが、頭を使ってそのあとの彼女の行動をシミュレーションするクセをつけましょう。

○ そうか！こう言えばよかったんだ！

デートのあと、彼女からLINEがきたので返信！

女「（LINEにて）今日のデート楽しかったね」

男 **「ちゃんと帰れた？風邪ひかないようにね」**

男性は、解散＝デート終了ではなく、彼女が家に帰って寝るまでがデートと心得ましょう。

女→男 | デートのあと、彼氏からLINEがきたので返信！

男「（LINEにて）今日のデート楽しかったね」

女 **「すっごく楽しくて、あっという間だったよ！」**

「あなたは私を十分楽しませてくれました」というねぎらいを。次のデートも頑張ろうと思ってくれます。

このひとことでうまくいく！ 使える簡単フレーズ

「一日の終わり」

男
↓
女

○「いつまでも話してたいけど、
そろそろ切るよ」

○「僕も寂しいよ」

○「送っていこうか？」

女
↓
男

○「今日はありがとう！」

○「また来週ね！」

○「大好きだよ」

デートが終われば、一瞬で２人の世界から自分１人の世界に戻る男性。つい自分の都合を口にしてしまいがちですが、女性の気持ちを想像して言葉を選びましょう。一方女性が注意したいのは、ネガティブなワードを口に出すこと。男性はダメ出しされたと感じるので、ポジティブな言葉に置き換えるよう意識しましょう。

男は浮気した女を責める
女は浮気相手の女を責める

この言い方では100％モメる！

男→女　彼女に浮気がばれた！

女「どういうこと？」

男「**むしゃくしゃしてたんだ。本当にごめん**」

女「……（開き直った？）」

女→男　彼氏に浮気がばれた！

男「どういうこと？」

女「**だって、強引に誘われて断り切れなかったんだもん**」

男「……（気持ちが動いたんだな!?）」

?♀?♂?

なぜ通じない？

浮気が発覚した場合、男性は浮気した自分の彼女を責めるのに対して、女性は浮気相手の女性を責める人が多い傾向があります。

離婚調停を専門にしている弁護士の話では、浮気が原因で離婚に至った場合、男性は浮気した奥さんから慰謝料をとろうとし、女性はやはり浮気相手の女から慰謝料をとろうとするケースが多いのだとか。

こちらの浮気が発覚したとき、相手の怒りがどこへ向かうか。この違いを知っていれば、ひょっとしたら浮気発覚の修羅場を乗り切ることができるかもしれません。

つまり、「相手が言ってほしい言い訳」を用意するのです（もちろん、浮気をしないほうがいいのは言うまでもありません）。

男性が一番傷つくのは「浮気相手に負けた」「俺が一番じゃなかった」と思うことです。だから、もし女性が浮気を責められたときは「私はあなたが一番好きだからこそ、会えないのが寂しかった」などと、彼と浮気相手を比べて選んだわけじゃないことを強調しましょう。一方、男性は「相手の女性にしつこく誘われて」と、浮気相手を悪者にしてしまえば彼女の気がおさまるかもしれません。

どちらの場合も、実際はそうでなくても、相手が信じたいことを示すのです。

そうか！こう言えばよかったんだ！

男→女　彼女に浮気がばれた！

女「どういうこと？」

男 **「向こうから強引に誘われて……魔がさしたんだ、ごめん」**

浮気相手の女性を悪者にしたり「酔っていて、つい……」など、自分の意思じゃないことを強調すれば許してもらえることも。

女→男　彼氏に浮気がばれた！

男「どういうこと？」

女 **「私がどんな気持ちだったか、わかる？」**

「あなたが好きだからこそ、浮気しちゃったの！」と逆ギレしてみましょう。ひょっとしたらうやむやにできるかもしれません。

このひとことでうまくいく！ 使える簡単フレーズ

「浮気の言い訳」

男
↓
女

○「どんなに君が大切な存在か、痛いほどわかったよ」

○「悲しませせちゃってごめん。もう二度としないよ」

○「愛してるのは君だけだから。ごめん」

女
↓
男

○「あなたが一番だってことがよくわかった。大好き」

○「お詫びになんでもするから許してほしい」

○「浮気なんてしてないよ！ 勘違いだってば」

「嘘をつくぐらいだったら、黙る」のが男。嘘なんかついてもどうせばれると、守りに徹するのは悪い作戦ではありません。一方「黙るぐらいだったら、嘘をつく」のが女。追い込まれる前に嘘を並べて、相手が信じやすいストーリーを作るのもいいでしょう。

男の怒りはその場精算
女の怒りはポイントカード

この言い方では100%モメる！

男→女｜彼女がデートに遅刻してきた

男「だいたい君はさ、優先順位を考えずに行動するからこうなるんだよ」

女「……（え？　そんなに怒ることないじゃない）」

女→男｜デート中に、彼が店員に横柄な態度をとった

女「そういうのほんとにやめて。前から思ってたんだけどさ！」

男「……（え、なんの話？）」

なぜ通じない？

男性が「女はどうして、こんなささいなことで怒るんだ？」と思ったときは、怒らせた行為に注目しても意味がありません。

女性の怒りはポイントカード制で、たまたま最後の1マスがその行為で埋まったから爆発してしまったのだと考えましょう。コップの水に例えると、小さな不満が1滴、1滴とたまり、なんとか表面張力で持ちこたえていたところに、最後の1滴が落ちてきて、水があふれてしまったようなものです。さらに女性の脳は右脳と左脳をつなぐ機能が高く、過去のこともついさっき起こったことのように思い出せます。**一度怒り始めると「そういえば、あのときだって……」と、過去のことを蒸し返してどんどんヒートアップしていくのは、この脳の構造にも関係があります。**

一方、男性の怒りは、1回1回の「都度精算制」です。一度謝ったり謝られたことはすでに「完了」フォルダに移動されています。**過去のケンカを蒸し返されるのは、男性にとってはまったくもって意味不明なのです。**

逆に男性はささいなうっかりミスに対しても必ず原因があると思い込み、とことん追及し改善策を提示しようとしますが、女性の耳にはなかなか届きません。

そうか！こう言えばよかったんだ！

男→女｜彼女がデートに遅刻してきた

男「気持ちはわかるんだけれど、
そうういうこと多いから気をつけて」

女「わかった」

女性に理詰めで文句を言うのは逆効果。まずは一度「気持ちはわかる」と伝えると、素直に聞いてくれます。

女→男｜デート中に、彼が店員に横柄な態度をとった

女「一緒にいて怖い思いをするから、
やめてほしい」

男「え、そうだった？　気をつけるよ」

直してほしいことはその都度言いましょう。「〜から〜してほしい」の基本構文をここでも思い出すこと。

このひとことでうまくいく! 使える簡単フレーズ

「やめさせる」

男→女

○「連絡がないと心配するでしょ?」

○「そういうことされると悲しい」

○「つらい気持ちになるよ」

女→男

○「イラっとするから、そういう言い方はやめて」

○「理由はないんだけどイヤだから、やめて」

○「こわいから、大声出さないで」

女性が「それは自分が悪かった」と反省しやすいのは、自分の行動が相手を傷つけてしまったと感じたとき。「悲しい」「残念だ」「心配になった」などと伝えましょう。一方女性は、「ちょっと!」「あのさー!」などと、何に対して怒っているのかをまったく説明できていないことがよくあります。たとえ明確な理由がなくても、せめて「嫌だ」「怖い」などと、自分の気持ちを伝えましょう。

男は普通が好き
女は特別が好き

✕ この言い方では100％モメる！

男→女 ｜ クリスマスのデートプランを彼女に相談

男「明日のクリスマスイブ、
どこ行こうか？
何食べたい？」

女「……（え？　まだ予約してないの？）」

女→男 ｜ 彼の誕生日、いろいろプランを考え中……

女「今度の誕生日、
駅に18時に来て。
あとは来てからのお楽しみ」

男「……（な、何されるんだ？）」

なぜ通じない？

男性はいつもと変わらない普通の日常を愛しています。音楽は「いつも聴いて慣れ親しんでいるアレ」を聴くのが好きだし、服を買うなら「行きつけのショップ」にしか行かないし、食事は「おふくろの味」に安心するのです。

お笑いコンビ「さまぁ～ず」の三村さんが、ある番組でさんまの香草パン粉焼きを出されたとき「いやー、さんまは普通の塩焼きで食いたかったなー。おしゃれ料理苦手なんだよ」と笑いを誘っていました。**「特別なものより普通のものをお腹いっぱい食べたい」。これは多くの男性の本音です。**

女性はよかれと思ってサプライズ演出を仕込むのでしょうが、男性は実はサプライズが苦手。「臨機応変」という言葉が辞書にない彼らは、予測が付かないことをさせられるのは居心地が悪いと感じるのです。

一方、女性は真逆です。男性が「ホーム好き」だとしたら女性は「アウェイ好き」。**常に「初めて」の店を開拓し、「スペシャル」な気分を味わうのが大好きです。**そのためなら、ちょっと怖い目に遭っても、ハズレの店を引いても、笑って楽しめるのが彼女たちのバイタリティ。男性が自分の行きつけの店に女性を連れていくのは、「俺のテリトリーに入れた」という証かもしれませんが、記念日にはちょっと手抜きと思われてしまいます。

○ そうか！こう言えばよかったんだ！

男→女 ｜ クリスマスのデートプランを彼女に相談

男「明日は、○○を予約したよ」

女「え、予約がとれないので有名なあのお店？　嬉しい!!」

嬉しいのは相手の努力がわかるようなデート。「私のためにそこまでしてくれた」とポイントがアップします。

女→男 ｜ 彼の誕生日、いろいろプランを考え中……

女「今度の誕生日、あなたの好きな○○をいっぱい作るね」

男「ほんと？　嬉しいな！」

「ホーム」が大好きな男性は、決まったパターンに安心します。スケジュールや予定がわからないことほど、男性を不安にさせるものはないのです。

図解でまるわかり!　男女の違い

「行動特性」

	知っていることが好きな男	知らないことが好きな女
営業	ホームが好き → 得意先と深い関係を作るのが得意	アウェイが好き → 効率が悪くても新規開拓に行きたがる
業務	パターンが好き →「前例」を重視し勝ちパターンを踏襲	ケースbyケースが好き →「初めてのこと」に躊躇せず臨機応変
お店	安定顧客 → 口コミしないが浮気もしない	流動顧客 → 口コミするが浮気する
恋愛	慣れが好き → 会話が減るのは「関係が良くなった証拠」	変化が好き → 会話が減るのは「関係が悪くなった証拠」

男性の「普通」好きと、女性の「特別」好きは、ビジネスやプライベート、恋愛や家庭生活など、あらゆるシーンで顕著な行動の差となって現れます。お互いの行動が理解できないと感じたときはこの表をチェックして、それぞれの思考の傾向を確認してみてください。

男は叱る
女はキレる

✕ この言い方では100％モメる！

男→女｜彼女の言っていることがいまいちわからない

男「それ、さっき言ったことと矛盾してるじゃん」

女「！（怒）」

女→男｜彼氏がどんどん先に歩いていってしまった

女「ちょっと待ってよ！（怒）」

男「……へ？」

?♀?♂?

なぜ通じない？

「ちょっと！（怒）」「は⁉（怒）」など、女性は何に対して怒っているのか明確にせずに怒りを表明することがあります。さらには「なんとなく嫌」「生理的に無理」などというように、直感で拒み、理屈抜きでキレ、説明なく不機嫌になる女達の感覚に、男達はホトホト手を焼いています。

ちなみに女性ファッション誌の文章は形容詞が命なのだとか。同じような洋服を「きれい」「おしゃれ」「クール」「個性的」「セクシー」「キュート」「上品」……などなど、どれだけ多様でしかもぴったりくる形容詞で表現できるかが、ライターの腕の見せ所。**まさに女性は「考える」のではなく「感じる」人たちと言えます。**「ふにゃふにゃ」「ぺたぺた」などのオノマトペ（擬音語、擬態語）をよく使うのも女性です。

一方男性は、レストランでメニューひとつ決めるのでも大脳で考えようとします。「あれとこれを組み合わせたら栄養のバランスは……」「昨日はうどんだったから……」などとイチイチ考える男性は、「気になる」「グッとくる」というような、曖昧なものさしでは納得できません。また、話の矛盾が気になるのも男性の特徴ですが、女性はその時々の感覚に素直に生きているので、矛盾があろうがなかろうが関係なし。

相手の嫌な言動を伝えるシーンでは、こうした違いを意識すると良さそうです。

○ そうか！こう言えばよかったんだ！

男→女 ｜ 彼女の言っていることがいまいちわからない

男「そうかいう見方もあるよね。でも、○○はどうかな？」

女「そうか……」

女性は論理的に反論されると、追い詰められた気持ちになります。「結局何が言いたいの？」などの言葉も女性を追い詰める言葉。

女→男 ｜ 彼氏がどんどん先に歩いていってしまった

女「置いてきぼりにされた気持ちになるから、どんどん先に歩くの、やめてくれるかな」

男「そうなんだ、ごめんね」

本当は「ただ嫌なだけ」でも、男性に理解してもらうには、論理的に話した"風"にする必要が。理由があるように聞こえるので、男性も受け入れやすくなります。

図解でわかる男女の違い

「かわいい」と「こわい」

男	女
うちの犬、**かわいい**んだ	うちのワンちゃん、**かわいい**の
このバッグ、**おしゃれ**だね！	このバッグ、**かわいい**ね！
このコップ、**気に入ってる**んだ	このコップ、**かわいい**んだよね
○○さんの今日の格好、**センスいい**ね！	○○ちゃんの今日の格好、**かわいい**！
○○さんって**優しい**ね	○○ちゃんって**かわいい**
地震って、**こわい**よね	地震って、**こわい**よね
カエルが**気持ち悪い**	カエルがどうしても**こわい**
この服、**おしゃれじゃない**	この服、**こわーい**
今の言葉、**空気読めてない**	今の言葉、**こわいよー**
俺、○○先輩は**受けつけない**から	私、○○先輩は**こわい**から

物事を肌感覚でとらえる女性がよく使う感情表現に、「かわいい」と「こわい」があり、この２つの言葉は男性が使うのに比べて意味の広がりがまったく違います。女性にとっての「かわいい」は良い方向に心が震えたとき、「こわい」は悪い方向に心が震えたときに使う言葉。彼女たちの「かわいい」と「こわい」の真意を理解するとコミュニケーションしやすくなります。

男は結婚式の運営にこだわる
女は結婚式の演出にこだわる

この言い方では100％モメる！

男→女｜たくさんの結婚式場のパンフレットを2人で見比べながら……

男「うーん、どれも同じに見えるな。俺はどこでもいいよ」

女「ちゃんと考えてよ！（怒）」

女→男｜式場見学の帰り道に感想を話し合った

女「あのドレス、センス良かったね。お花もいいのがあったし♪とにかく素敵な式にしたい！」

男「（センス？　雰囲気？　素敵な式ってどんなイメージ？）」

?♀?♂?

なぜ通じない？

結婚式の準備は、これから夫婦になる2人にとっての一大プロジェクト。それだけに、この準備期間にお互いの価値観の違いが明らかになり、ケンカが絶えず、しまいには婚約破棄……というケースも少なくありません。

このすれ違いをなくすためには、味気ないかもしれませんが、結婚式の準備をひとつのプロジェクト・仕事と割り切る意識が大切です。

まずはどんな結婚式にしたいのか、自分たちが大事にしているポイントや優先順位をお互い書き出しましょう。そして、それぞれの得意分野を意識して役割分担します。

結婚式は、女性にとっては大切な友達や家族に対する「お披露目の場」です。女性はゲストが心地良く過ごせるようにと、会場の雰囲気や従業員の接客態度などにこだわります。ただ、その基準が「センス」や「感じがいい」など主観的であるほど、男性には基準がわかりませんので、できるだけ客観的な言葉で伝える努力をしましょう。

一方で、男にとって結婚式は「作業」。交通の便や予算の管理、式場との交渉など実務面は男性のほうがおおむね得意。この分野は男性に頼って任せるのも、円満の秘訣です。

そうか！こう言えばよかったんだ！

男→女｜たくさんの結婚式場のパンフレットを
2人で見比べながら……

**男「ここは□□が評判で、ここは△△が
目玉だって。どっちが気になる？」**

女「選ぶとしたら、△△かなあ」

「あれも、これも」と目移りしやすい女性に対して、男性は冷静に整理をしてあげましょう。真剣な態度で臨んでいるかのようにアピールできます。

女→男｜式場見学の帰り道に感想を話し合った

**女「あのドレスを持ち込める会場が
いい！　フラワーシャワーも
絶対にやりたい！！」**

男「オッケー！　明日、会場に聞いてみるよ」

「素敵な式」だけでは男性はイメージができません。使用したいアイテムや、やりたいことなど、ゆずれない条件がハッキリすれば、検索・交渉するのは男性の得意分野。

このひとことでうまくいく！ 使える簡単フレーズ

「結婚準備を円満に進める」

男↓女

○「一緒にゆっくり考えよう」

○「今から楽しみだね」

○「何かできることある？」

女↓男

○「○日までにお願いね」

○「これはあなたが決めていいよ！」

○「ありがとう！」

男性はゴールに向かって一直線に進みたいので、会場や内容を急いで決めようとしがちですが、女性にとっては迷っている時間も幸せな時間。ワクワクする気持ちを受け止めましょう。結婚式に思い入れが薄い男性には、期限を決めたり、感謝したりして、モチベーションを上げること。

男は優先順位が下がって別れる
女は冷めて別れる

✕ この言い方では100%モメる！

男→女 ｜ 彼女と別れたい。仕事も忙しい

男「仕事に専念したいから、君とは別れたいんだ」

女「だったら、私が支えるから！」

男「……（そういう問題じゃないんだよ）」

女→男 ｜ 彼氏と別れたい。気持ちもない

女「なんか、無理になっちゃった。別れてくれる？」

男「ちょっと待って、それ、どういうこと？」

女「……（説明できないよ）」

?♀?♂?

なぜ通じない？

どんなに仲の良かった2人も、時がたてば残念ながら別れることもあります。別れ話をこじらせないようにするためには、最後のエネルギーを振り絞って相手の立場に立つことが大切です。

男性に対しては「きれいな思い出にしてあげる」ことを意識しましょう。**男性は納得できないと別れられません。**男性がフラれるとき、そこにほしいのは「周りの男友達に言えるような、まっとうな理由」です。『あなたとは将来のビジョンが違うから』って言われた」「やりたいことがあるって言うから、俺としても応援したい」など、胸を張って話すことができる説得力のある理由がベストです。

女性は逆です。どんなに論理的な理由があっても、努力と愛情で乗り越えられると信じてしまいます。「将来のビジョンが違う→私が努力して合わせる」「仕事に専念したい→私が支えるから気にしないで」となると、泥沼です。**女性に対しては、非情なようでも下手に気持ちを残させないようにします。**「もう好きじゃない」「冷めた」とキッパリ伝えて、あきらめさせることが肝心。女性は、「もう彼の気持ちは私にないのだ」とわかれば、案外すんなり身を引いてくれることでしょう。

そうか！こう言えばよかったんだ！

男→女｜彼女と別れたい。仕事も忙しい

男「**君のことが好きじゃなくなったんだ**」

女「……だったら、仕方ないね」

女性には「気持ちがもうなくなった」と伝えましょう。自分の身に置き換えて「ああ、それはもう無理だな」と思ってもらえれば、スムーズに別れられます。

女→男｜彼氏と別れたい。気持ちもない

女「**将来は海外で働きたいと思ってるの。私達、このまま付き合っていても、難しいと思わない？**」

男「そうか、わかったよ」

男性に対しては、どこに出しても恥ずかしくない「まっとうな理由」を用意してあげましょう。たとえそれが本心じゃなくても、きれいに別れることができます。

このひとことでうまくいく！ 使える簡単フレーズ

「上手に別れる」

男↓女

〇「君の存在が重いし、もう疲れた……」

〇「他に好きな子ができた」

〇「冷めた。ごめん」

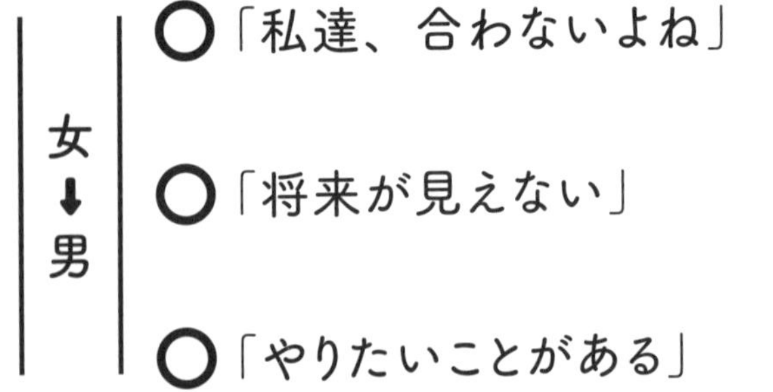

女↓男

〇「私達、合わないよね」

〇「将来が見えない」

〇「やりたいことがある」

別れ文句は、本当の理由を言えばいいとは限りません。かっこつけたり、相手を傷つけないように配慮したりした言葉が逆効果になることも。相手が言いそうなことをそのまま言うのが、ひとつの考え方です。

まだまだある!

恋愛シーンで使える 男と女のキラーフレーズ

Scene 01 ／ お店でのクレーム

男→女

✕ 男「だって、そんな甘いこと言ったら、相手の思うつぼじゃないか!」
女「……(楽しく食べようよ)」

○ 男「あの店員さん、あまり感じ良くないから、気持ち良く食べるために、ちょっとだけ文句言ってもいい?」

女→男

✕ 女「もう、楽しく食べようよ!」
男「……(だって、負けたくないし。そもそも、小さい男と思われたかな。恥ずかしい)」

○ 女「○○君の言っていることが正しいけれど、あんまり言いすぎるのも楽しくなくなっちゃうよ」

●男は勝ちを求める　女は価値を求める

男性が陥りがちなのが、飲食店などでえらそうなクレームをつけること。自分をひとかどの人物だと見せたい、お金を払った分だけサービスを得たいと思うからです。一方女性は、そんなことはどうでも良く、その場の雰囲気や、その時間を楽しめるかどうかに価値を置きます。

Scene 02 ／「近道はどっち？」問答

男→女

✕ 女「こっちの道、歩いてみようよ」
男「なんでだよ、こっちのほうが近いだろ！」

○ 男「こっちの道もいいね。でも、時間が迫ってるから今日は近道から行かない？」

女→男

✕ 女「私、こっちの道行きたい！」
男「えー」

○ 女「天気がいいから、こっちの道を歩きたい！」

●男は近道　女はより道

男性は目的地までの最短距離、時間を意識して行動します。一方女性は目的地に向かうまでに、いろいろなものを観察して発見するのが好き。来た道を引き返したがらないのも女性のほうです。

Scene 03 ／お店を決める

男→女

✕ 女「こっちの店のほうが、楽しそう。雰囲気もいいし」
男「あっちのほうが、食べログの評価は高いよ？」
女「……」

○ 男「確かに雰囲気は大事だよね」

女→男

✕ 女「私、あのお店、イヤだ」
男「……」

○ 女「私、あの店の料理苦手だから、他のところがいい」

●男は点数　女はセンス

「食べログ」が登場したことにより、効率的な店選びができる世の中になりました。その評価をきっちり信じて動くのが男性、そのお店から自分が受けた印象を重視するのが女性です。

Scene 04 ／ 旅行先を選ぶ

男→女

✕ 男「任せるよ。いい感じに頼むね」
女「……（寂しい＆なんで私ばっかり）」

○ 男「○○ちゃんのセンス、信頼してるから！」

女→男

✕ 女「ちょっと！　一緒に考えてよ！」
男「……（めんどくさいなあ）」

○ 女「これとこれで迷ってるんだけど、どっちがいいかな？」

●男は勝手にしたい　女は一緒にしたい

男は基本的に好き勝手に行動したいと考えています。一方女性はもっとコミットしてほしいと感じていますが、男性が具体的に提案し始めると不愉快になることも。

Scene 05 ／ お泊まり

男→女

✕ 男「終電だからそろそろ帰ったら？……」
女「……（冷たい）」

○ 男「もう10時だけど、どうする？」

女→男

✕ 女「やっぱり今日泊まっていこうかな」
男「……（何だよ急に）」

○ 女「もっと一緒にいたいけど、今日は帰るね」

●男は計画的　女は突発的

自分のペースとスペースを守りたいのが男。突然泊まられるのがイヤなら、早めに確認しましょう。一方女はタイミングを逸したら、かわいげのある撤退を選ぶのも良策です。

Scene 06 ／ ちょっとしたケンカ

男↓女

× 男「怒らせたかな。ねぇ、怒ってる？」
女「……（よけい腹立ってきた）」

○ 男「おいしいもの食べに行かない？」

女↓男

× 女「○○君だって、同じようなことしてるじゃん」
男「今、その話してないだろ？」

○ 女「その点については、ごめん。」

●男は確かめすぎ　女は逆ギレしすぎ

察することができない男は、すぐに確かめようとしますが、女は「ちょっとは自分で考えてよ」とイラ立ちます。一方、女は自己弁護のために話をすり替えることが多く、目の前の話題に集中したい男はイラ立ちます。

Scene 07 ／ 相手の変化

男↓女

× 男「俺、女の人の髪型とか洋服とかよくわかんないんだよね」
女「何開き直ってんのよ」

○ 男「あれ？　今日なんか雰囲気違うね」

女↓男

× 女「今日の髪の分け方、なんか変」
男「そっか……」

○ 女「試しに私にセットさせて！」

●男は見た目の変化に気づかない　女は見た目の変化を口に出す

男性は女性の見た目の変化に気づきません。特に結婚式のウエディングドレスなんて、どれも一緒に見えます（すべて白だから）。違いがわからなくても、それを正直に言うのではなく、この魔法のひとことを口に出しましょう。女性は、大抵何かしら変化しているものです。

Scene 08 ／ 約束

男↓女

✕ 男「だから、今日はちゃんと会ってるじゃん!」
女「……(3ヶ月ぶりのクセに)」

○ 男「次、いつ会おうか?」

女↓男

✕ 女「仕事だから、仕方ないでしょ!」
男「……(またかよ)」

○ 女「ほんとは仕事なんかほっぽり出したいんだよ!?」

●男は優遇を求める　女は継続を求める

男は誰よりも何よりも自分のことを優遇してほしいと願っています。一方、女はずーっと変わらぬ愛情を求めていて、ちょっとした扱いの悪さにも敏感に反応します。

Scene 09 ／ 元カノ、元カレ問題

男↓女

✕ 男「前の彼女も、いい子だったんだけどね……」
女「はあ?　まだ未練たらたらじゃん」

○ 男「あんまりよく覚えてないなぁ」

女↓男

✕ 女「元カレの学歴?　ああ、確かT大とかだったかな?」
男「げ!　俺より上じゃん」

○ 女「元カレの学歴?　どうだったかな、忘れた」

●男は昔の女は美しいと思っている　女は昔の男は名前も思い出せない

基本的に、男は元カノのことを忘れられません。ずっと、永遠に美化し続けます。一方女性は、元カレのことなど思い出しませんし、こだわりもありません。お互い「忘れた」の一点張りが、大人のマナーでしょう。

家庭では妻が「社長」で、
夫が「副社長」。
一つの会社を
経営するのに、モメてる
暇はない！

第5章

家庭編

夫婦とは、「察しない夫」と「説明しない妻」が2人きりで逃げ場なくさまざまな共同作業をともにする現場。モメないほうが難しい日常です。家庭という企業の「共同経営者」として、これまで見てきた以上の「わかり合い」「歩み寄り」が必要となります。

男は一球入魂
女は同時進行

この言い方では100%モメる!

男→女 | 妻に替えのトイレットペーパーがないことを伝えた

男「ねえ、トイレットペーパーが切れてるんだけど!!」

女「……」

女→男 | 留守中夫に頼んだ家事が終わっていなかった

女「リビングが片付いてない! 保育園の帰りにクリーニング屋さんに寄ってってって言ったよね?」

男「……」

?♀?♂?

なぜ通じない?

あるテレビ番組で、家のリビングに隠しカメラを仕掛けて、男性と女性がどのように家事を行うかを撮影する実験がありました。

フローリングにワイパーをかけているときを狙って携帯に電話をかけたところ、女性は全員、掃除をしながら電話に出たのに対して、男性は全員、掃除を中断してワイパーを置き、ソファーに座ってから電話の受け答えをしたというから驚きです。

歯磨きをしながら洗面所を掃除したり、洗濯機を回しながら料理をしたりと、あれもこれもいろんな家事を並行するのは女性の特徴ですが、これは**女性の脳が、いくつものことを同時に行える構造になっているからです。**

一方で男性は、ひとつの物事に深く集中し、コツコツと丹念にやりとげることが得意な脳です。「Ｔｏｄｏリスト」を作って、それをひとつずつこなしては消していくのも大好き。一つひとつ目に見えて「はかどっている実感」があるからです。

妻が夫を家事に起用する際には、その「一球入魂」的な性能に合ったコマンドを入力する必要があります。

そうか！こう言えばよかったんだ！

男→女 ｜ 妻に替えのトイレットペーパーがないことを伝えたら

男「トイレットペーパーが切れそうだけど、買ってきたほうがいい？」

女「ありがとう。夕飯の買い出しのときに買う予定だから大丈夫」

良かれと思って指摘しても、「気づいてるよ！」か「わかってるなら行動してよ！」のどちらかの反応に。動く姿勢を見せつつ、おうかがいを立てましょう。

女→男 ｜ 留守中夫に頼んだ家事が終わっていなかった

女「リビングに掃除機かけてくれる？終わったらそのあと、そこにある雑巾で水拭きをしておいて」

男「わかった！」

「あとは適当によろしく」「片付けておいて」などの曖昧な指示では夫は動きません。具体的に、順序立てて指示出しして、一人前の使える戦力に育成しましょう。

図解でまるわかり！　男女の違い

「タスク管理」

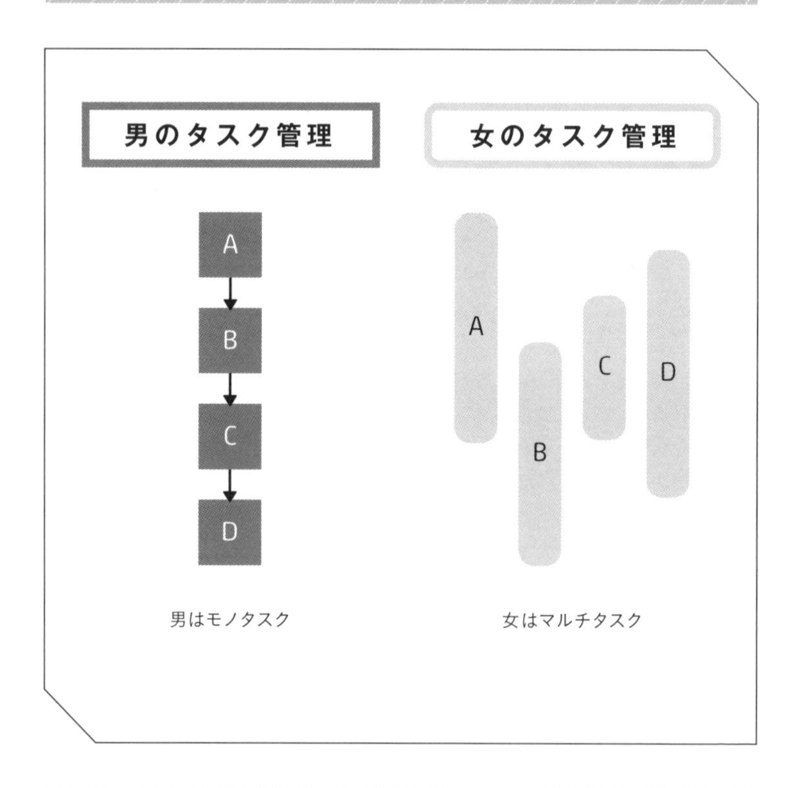

モノタスク（一つの作業を行う）の男性には、最初のタスクを完璧に仕上げないと次のタスクに取りかかれないタイプが多いことを、女性は理解しましょう。一方女性はマルチタスク（たくさんの作業を行う）。いろんなことを同時並行で行っているため、会話もしばしば別の話にジャンプしやすく、ときには男性を置いてきぼりにすることがあるので注意が必要です。

男は自分が一番
女は家族が一番

男→女 | 妻から日曜日の予定を相談された……

女「今度の日曜日、子どもたちが遊園地行きたいって」
男**「じゃあ、家族サービスするか」**
女「……」

女→男 | 実家に帰ろうとしたら、夫が不満そうにしている

男「また行くの?」
女**「母が話し相手がいなくて寂しがってるのよ」**
男「……」

なぜ通じない？

映画『フレンチアルプスで起きたこと』（リューベン・オストルンド、2015年）は、雪山で突然の雪崩に遭う危機的な状況で、いち早く家族を見捨てて逃げ出した夫と、とっさに子どもを守ろうとした妻の対比がユーモラスに描かれた作品です。同じく映画『ビフォア・ミッドナイト』（リチャード・リンクレイター、2013年）では、列車事故に遭い昏睡状態から目覚めた女性は最初に「子どもは？　他の乗客は大丈夫？」と尋ねるのに対して、男性はまず自分の下半身が無事かどうかを確認する、という小話が出てきました。

この2つの映画で描かれたように、男性は、常に自分が一番大事で、自分が注目されたいと思っています。**だから家庭でも「子どもを大切にしている自分」「家族にサービスしている自分」に酔いますが、毎日当然のように子育てにかかりきりの女性は、その態度に違和感を覚えます。**

一方で男性は、自分の妻が夫と子どものみならず、両親や親族、はたまた友達との関係を重要視する理由がわかりません。**女性が周囲にかける「情」が理解できないし、自分以上にその人たちを大事にしている（ように見える）ことが嫌なのです。**妻の交友関係に口を出しては「もっと構ってほしい」とすねている夫を、「もっとも手のかかる大きな子ども」とあきらめている妻は少なくありません（笑）。

そうか！こう言えばよかったんだ！

男→女｜妻から日曜日の予定を相談された

女「今度の日曜日、子どもたちが遊園地行きたいって」

男**「家族で出かけるのは久しぶりだから、楽しみだね」**

女「そうね」

「家族のために付き合ってあげている俺」ではなく、「家族の一員として、そのイベントを一緒に楽しみたいのだ」という姿勢を伝えましょう。

女→男｜実家に帰ろうとしたら、夫が不満そうにしている

男「また行くの？」

女**「夕方には戻ってくるから、夜は一緒にご飯食べよう」**

男「うん、わかった。お義母さんによろしく」

「他の人を大事にしているけれど、あなたのこともないがしろにしてはいない」旨を伝えると、大きな子どもである男性は安心し、納得してくれます。

図解でまるわかり！　男女の違い

「家族」

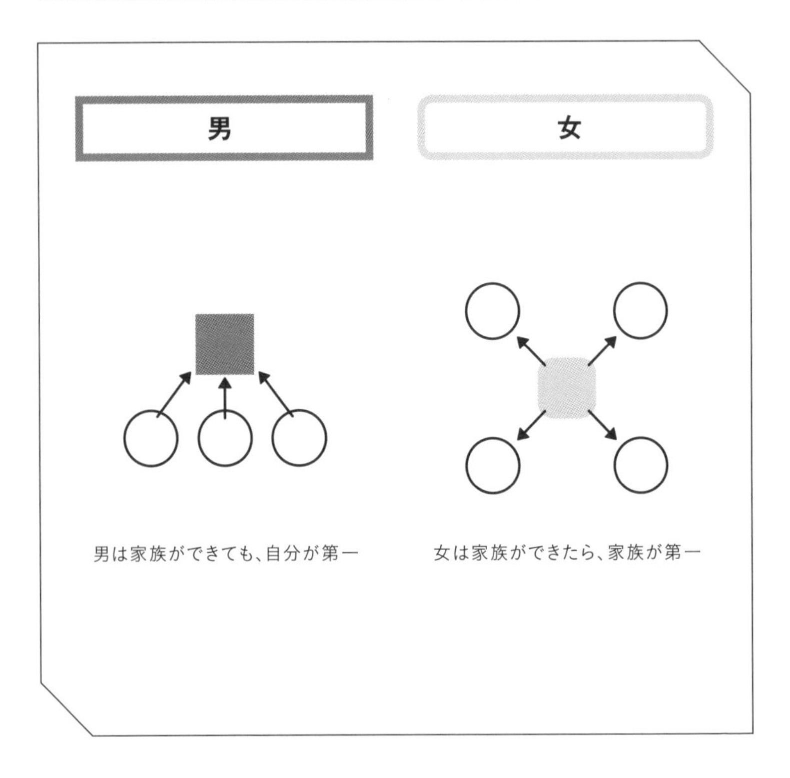

子どもができても男は男のまま。家族が増えれば、自分を尊敬し頼る人数が増えたと感じるだけです。女は子どもができると女から母になります。家族それぞれに惜し身ない愛情をふりそそぐので、夫からすると妻からもらえる愛情の分量が減ったと感じる場合もあります。

男は比べて選びたい
女は直感で選びたい

男→女 | 妻と買い物に行き、意見を求められた

女「このワンピース、どう思う？」

男 **「もう少し見て回ってから決めたら？」**

女「……（これがいいのに）」

女→男 | 夫と量販店に買い物に行き、掃除機を買うことになった

男「この掃除機どうかな。吸引力がすごいらしいよ」

女 **「えー。なんか、かわいくないから嫌～」**

男「……（掃除機にかわいいってどういう意味？）」

?♀?♂?

なぜ通じない？

結婚指輪を買おうとした男女のエピソードです。女性は1軒目のお店でとても気に入った指輪を見つけて「これがいい！」と言ったのですが、男性は「せっかくだから、もっとたくさん見て比較して決めよう」と、そのあともいろんな店を回ったそうです。そのうち女性がどんどん不機嫌になっていき、最終的に「あなたとは、もう結婚できない」と爆発。男性はぽかーんとしてしまったとか。

男性は比較が大好きです。家電を買うときも、カタログやWEBをくまなくサーチし、相対評価で一番の商品を選ぶことで初めて「いい買い物をした」と安心できます。**その根底には、「失敗したくない」「責任をとりたくない」、リスクを冒したくないという気持ちがあります。**

ところが、女性はいったん「これがいい」と思ったら、その商品しか見えません。彼女たちにとっては、「目の前のものが気に入るかどうか」だけが判断の基準。**絶対評価の女性にとって、比較なんてまだるっこしいだけだし、なんなら自分のセンスに対する冒涜なのです。**

夫婦で買い物をするときに、この違いを肝に銘じておくと、トラブルも減ります。

そうか！こう言えばよかったんだ！

男→女　妻と買い物に行き、意見を求められた

女「このワンピース、どう思う?」
男**「俺は、あんまり好きじゃないな」**
女「そっか、じゃあやめておこうかな」

他の商品と比較して思いとどまらせようとしても効果がありません。かと言って「この部分のデザインが……」などと言い合ってもムダ。「俺は好きじゃない」が、女性には一番響きます。

女→男　夫と量販店に買い物に行き、
掃除機を買うことになった

男「この掃除機どうかな。吸引力がすごいらしいよ」
女**「デザインと色が好きじゃないから、使わなくなっちゃうかも」**
男「そうか。じゃあやめておこう」

「かわいくない」では男性には伝わらないので、主にデザインと色が良くない」という説得を。「買っても使わない＝役に立たない」とアピールも有効。

図解でまるわかり！　男女の違い

「評価」

男	女

	排気量	燃費	値段 ……
A	○	◎	△
B	◎	△	△
C	△	○	◎
D	◎	△	◎
⋮	⋮	⋮	⋮

男は相対評価する

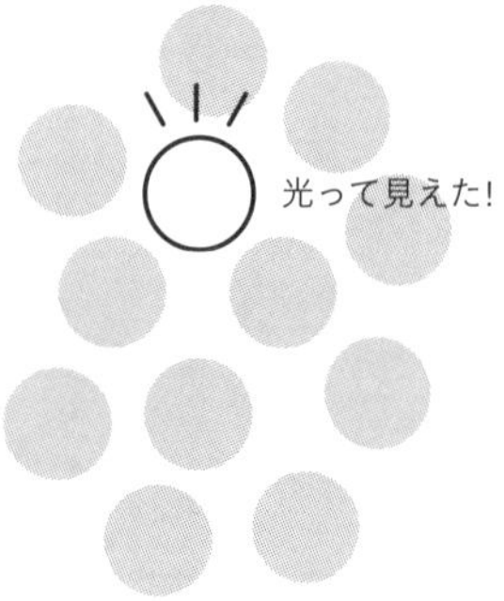

女は絶対評価する

物事を評価するときに、機能を並べてそれぞれに点数をつけて評価するのが男性の特徴。この傾向は、家電選びでも仕事選びでも恋人選びでも同様です。女性は自分が気に入った商品・仕事・恋人にしか目が行きません。「ときめいた」「光って見えた」などと表現するのは、それ以外が目に入っていないという意味です。

男は一択
女はケースバイケース

✕この言い方では100％モメる！

男→女｜妻に夕飯のリクエストを聞かれた

女「買い物に行くけれど、今日、何食べたい？」

男**「駅前の魚屋さんのタイムセールで出てるマグロの刺身がいい」**

女「……」

女→男｜夫に洗剤を買ってくるようにリクエストした

男「何がいいの？」

女**「え～、適当でいいよ」**

男「……」

なぜ通じない？

あらかじめ決まったルールの中で平穏に過ごしたい男性にとって苦手なのは、急なルール変更と、そもそもルールがない「家事」のような作業です。

あるワーキングマザーが「母親には『あとは適当によろしく』と家事も育児も任せられるけれど、夫にはリストを渡さないと何もできない」と嘆いていました。ただ「ネコの手よりはマシなので、仕事を作ってあげてるんだけれど」と(笑)。

男性は、やるべきことさえ決まればまっしぐらに突き進んでくれるので、買い出しであれば具体的に銘柄を指定してあげましょう。

それに対して女性は、ケースバイケースの対応が得意。今日は生姜焼きにしようと思ってスーパーに行っても、新鮮な豚肉がなければ、あっさり魚料理に変更します。女性が苦手なのは「0から100までルールを決められること」。「あのお店のホッケが食べたい」と言われても、その日ホッケが新鮮で安くなければ、買うのはばかばかしいと感じるのです。

女性に気持ち良く希望の品を買ってきてもらうには、細かな指定ではなく大ざっぱなオーダーをするのがよいでしょう。

そうか！こう言えばよかったんだ！

男→女　妻に夕飯のリクエストを聞かれた

女「買い出しに行くけれど、今日、何食べたい？」

男 **「魚が食べたいな」**

女「わかった♪」

オーダーを限定しすぎることは女性にとってストレスに。かと言って「なんでもいい」は「関心がない」と受け取られるので要注意。

女→男　夫に洗剤を買ってくるようにリクエストした

男「何がいいの？」

女 **「○○って商品か、なければ△△で」**

男「わかった（スマホにメモる）」

どのメーカーのものでもいいと思っていても、商品名や内容成分などを伝えて、ミッション化してあげましょう。喜々として取り組みます。

図解でまるわかり！　男女の違い

「選択肢」

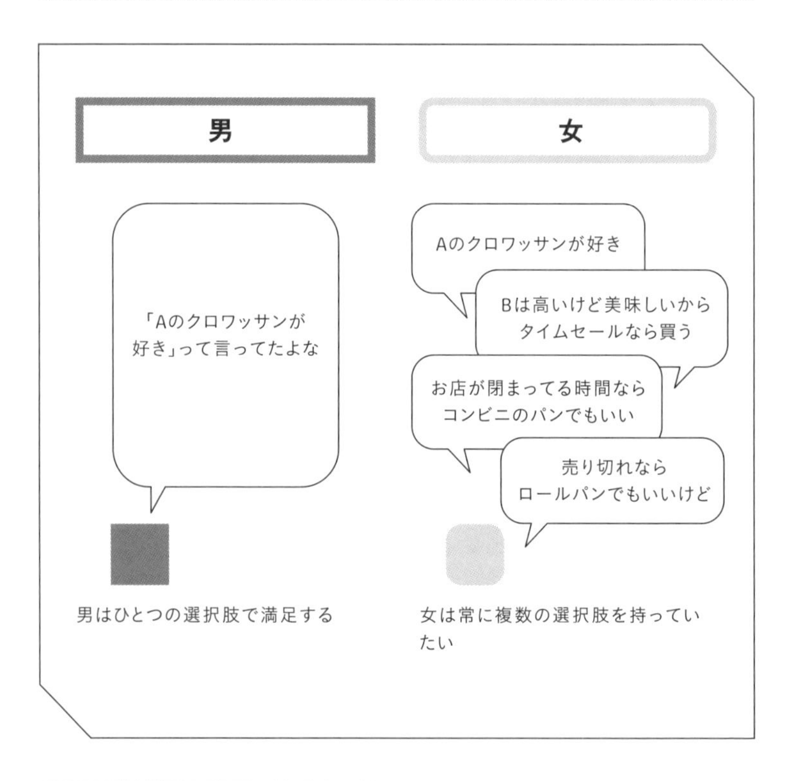

一度気に入ったらその商品をずっと買い続けるのは男性のほう。悩む必要がなく短時間で目的が達成されるのですから、効率好きの男性にとっては一石二鳥です。一方女性は常に複数の選択肢を持っていたいもの。たった数円安い商品を買うために別の店まで行く女性を「その労働力を換算したら赤字じゃない？」と揶揄する男性がいますが、女性は安さを求めて奔走しているのではなく、家事をゲーム化することで楽しみを見出しているのです。

男は無神経
女は無茶苦茶

この言い方では100％モメる！

男→女｜妻にお茶をいれてと頼みたい

男「**おい、お茶ちょうだい**」

女「は？（怒）」

女→男｜夫に、夕飯がいらないときは事前連絡するように頼みたい

男「今日、食べてきたからメシいらないや」

女「**なんで連絡がないの？　どうしてメールの一本もできないの？**」

男「……（忙しいし、時間なんてわかんないよ）」

?♀?♂?

なぜ通じない？

多くの家庭では妻が実権を握っています。それは実際夫としても好都合なのですが（家庭を重視していない彼らは、誰かに丸投げできて楽チンだから）、男はそれでも「人の上に立ちたい」と願うので、妻に何かを頼むときに上から目線になりがちです。この「ねじれ」が夫婦のトラブルのもとに。

以前、キャビンアテンダントの友人が「男性のお客様に言われて一番嬉しい言葉は、『お手すきのときでいいので、毛布を持ってきてもらえませんか？』と言われること」と言っていました。この「お手すきのときでいいので」がポイントで、**たったひとことでも気づかいを感じると、どんな頼まれごとでもやってしまうのが女性。**夫としてはそこをつかない手はありません。

逆に、女性が男性にしがちなのが「どうしてやってくれなかったの？」と問い詰めること。理屈好きの男性は「よしきた！」とばかりにいろいろ理由を並べますが、それが女性を納得させることはありません。なぜならもう怒りの気持ちは決まっていて、弁解されても説明されても変更の余地がないからです。

答えにイライラすることが決まっている質問をするくらいなら、自分の希望を論理的に伝えましょう。男性はひとたび納得できれば、以後は素直に約束を守ってくれます。

そうか！こう言えばよかったんだ！

男→女 | 妻にお茶をいれてと頼みたい

男 **「手が空いたときでいいから、お茶いれてもらってもいいかな」**

女「うん、わかった！　これ終わったらいれるね」

上から目線にならないように気をつけて、「命令」ではなく「依頼」に聞こえるような言葉遣いを肝に銘じましょう。そのほうが結果的においしいお茶にありつけます。

女→男 | 夫に、夕飯がいらないときは、事前連絡するように頼みたい

男「今日、食べてきたからメシいらないや」

女 **「連絡が遅いと食費に無駄が出るの。ご飯がいるかいらないかは、18時までに知らせて」**

男「はい！」

「連絡がないのがムカつく」ではなく、「連絡がないとこういったマイナス点がある」という言い方をするといいでしょう（嘘でも）。

このひとことでうまくいく！ 使える簡単フレーズ

「家庭での依頼」

男→女

◯「時間があるときでいいから」

◯「〇〇してもらえるかな？」

◯「申し訳ないんだけど……」

女→男

◯「△△だからです」

◯「なぜかというと……」

◯「〇〇してください」

女性に何かを依頼するときは気づかいのひとことを。一方男性には「〜だから〜して」が家庭でも有効。「してよ！」とキレ気味に言うよりは静かに「してください」と脅したほうが効果があります。

男は謝らない 女は反省しない

男→女 | 妻に頼まれていたことを忘れていたら怒られた

女「どうしてやってくれなかったの?」
男 **「うるさいな」**
女「(逆ギレ?　素直に謝ってよ!)」

女→男 | 夫に頼まれていたことを忘れていたら怒られた

男「○○のこと、どうなった?」
女 **「ごめんごめん、忘れてた」**
男「(いつも『ごめん』って言うけど、まったく反省してない……)」

なぜ通じない？

本質的に男は謝るのが大嫌い。
相手に対して弱みを見せたくない男性にとって「ごめん」のひとことは敗北を意味します。
それに対して、**調和と平和が命の女にとって「ごめん」などのお詫びの言葉は人間関係の潤滑油。**あいさつのようなものです。男性が期待しているような「非を認める」といった大げさな意味合いはありません。
ですから、女性に謝られると「わかればいいんだよ、わかれば」とか「反省してるよね？」などとダメ押ししようとする男性がいますが、女性からすると「は？　何言ってるの？（場を丸くおさめるために謝ってるだけなのに）」となってしまいます。
何度謝っても行動が変わらない女性は、その行為自体、全然悪いと思っていないのに、形だけ「ごめんね」と言っているのかもしれません。
逆に言うと、女性にとって「ごめん」は、それほど重い言葉ではなく、だからこそ謝らない男性に対しては、「ごめんのひとことも言えないの？」とイラ立ちを隠せない。謝ることに抵抗がない女性は、相手にもそれを求め、謝るまで決して許さないのです。

○ そうか！こう言えばよかったんだ！

男→女　妻に頼まれていたことを忘れていたら怒られた

男「**ごめん**（とりあえず謝ろう）」

女「これからは気をつけてね」

プライドが傷つく、非を認めることになるなどと面倒なことは考えず、潔く謝ってしまったほうが、それ以上の修羅場にならずにすみます。

女→男　夫に頼まれていたことを忘れていたら怒られた

男「○○のこと、どうなった？」

女「**ごめんなさい。今日やるね**」

男「頼んだよ！」

女性にとって「ごめん」はあいさつがわりですが、多用すると男性は「どうして改善できない？」と、余計モヤモヤすることに。謝ったら即行動を。

このひとことでうまくいく！ 使える簡単フレーズ

「『ごめんね』への対応」

男↓女

○「僕もごめん」

○「こっちも悪かった」

○「一緒に頑張ろう」

女↓男

○「私もごめんね」

○「仲直りしよう」

○「お互い気をつけよう」

「ごめんね」と謝られたときの対応は、男女ともに「ごめんなさい」で返すのが原則。女性は「友好担当」として、表面上でいいので下手に出てあげましょう。

男の育児は役割分担
女の育児は責任問題

男→女 | 妻に子育てと仕事の両立が大変だと言われた

男「俺だって送り迎えとか、
手伝ってるじゃん」

女「……」

女→男 | 夫がゴルフばかりなので文句を言いたい

女「ちょっとは家庭のことも見てよ」

男「……」

なぜ通じない？

一時期「夜泣きする赤ちゃんの面倒を見た夫が、妻にほめてもらえなくてがっかりした」というインターネット記事が大きな反響を呼びました。

これを読んだ女性からは「男性は育児を『手伝う』ものだと思っていて主体性がない」「男性は自分がほめられないと、家事や育児ができないのか」などという怒りのコメントが多くつきました。

家庭を企業になぞらえるなら、子どもは大切な商品です。手がかかる幼少期は、会社にとっての「繁忙期」。**妻は夫に「忙しいんだから、もっと働いてよ！」とイラ立つのではなく、きちんと説明してその自覚を促します。**

もともと男性は育児に対して能力が低く、そもそもモチベーションが乏しい。「パートナーなのだから、同じようにいろんなことに気づいて先回りしてやってほしい」と願っても、残念ながらムリです。

となれば、あきらめるか、育成するかの二択なわけですが、子育てが終わったあとのことや、長い人生を考えると、後者がオススメです。

そうか！こう言えばよかったんだ！

男→女　妻に子育てと仕事の両立が大変だと言われた

男「もっとできることある？」

女「じゃあ、○○をしてくれるかな？（気持ちだけでも助かる）」

男性はとにかくやる気（だけでも）を見せることが大事。「何をしたらいい？」と聞いて、指示をあおぎましょう。

女→男　夫がゴルフばかりなので、文句を言いたい

女「今、とても大変な時期だから、ゴルフは控えてもらえると、助かる」

男「わかったよ（嫌だけど、仕方ない）」

「家事や育児を自ら進んでやる夫」という無理なゴール設定はせず、少しずつ参加させましょう。

このひとことでうまくいく！ 使える簡単フレーズ

「子育て中」

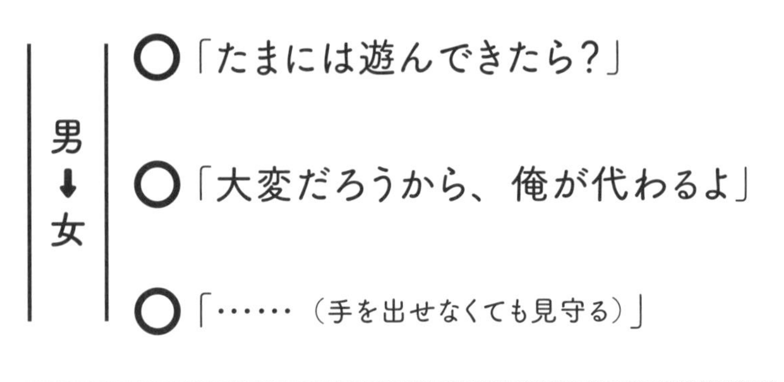

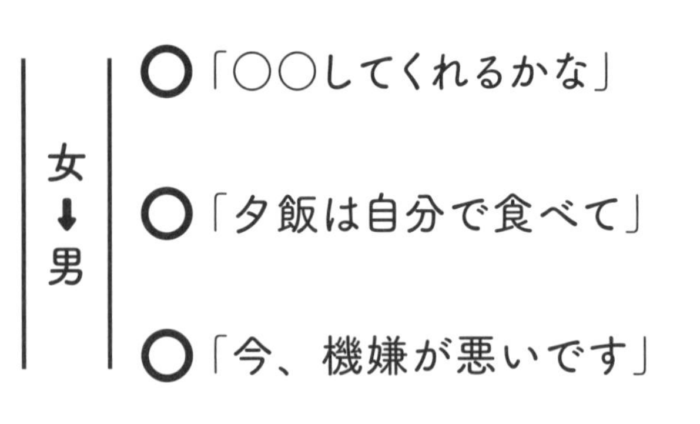

子どもが小さいときは、夫婦のピンチ。失敗すると一生モノのペナルティが待っています。逆にここをクリアすれば、２人の絆はグッと深まります。男は女に気づかいを、女は男に説明と指示を。

男は家で休みたい
女は家で話したい

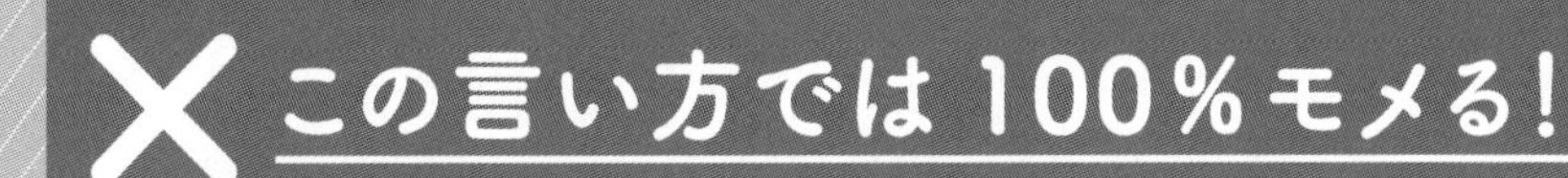

男→女 ｜ 帰宅してすぐに、妻から声をかけられた

女「おかえりなさい。今日は会社、どうだった?」

男**「別に。あー、疲れた」**

女「……」

女→男 ｜ 夫に話しかけているのに、返答が上の空

女**「今日、保育園の○○さんと△△さんがね……」**

男「ああ、うん」

女「ちょっと聞いてるの!?」

?♀?♂?

なぜ通じない？

妻から「ちゃんと私の話、聞いてるの？」と一度も言われたことのない夫がいたとしたら、その家庭は夫婦円満の証。

一説によると、女性は1日に2万語もの言葉が脳裏に浮かぶと言われ、そのうち6000語ほどをしゃべらないとストレスがたまるそうです。特に子育て中などで家にこもっているのだとしたら、会話のできる相手は夫だけ。**妻は夫が帰ってくるのをワクワクして待っています。**

男性も、場合によっては話したがりです。結婚式でのスピーチが長いのは圧倒的に男性。男性は「俺の話をみんなが注目して聞いている」という状況に興奮して、ついつい力が入るのでしょう。

ただし、そんな男性も、家庭では無口になることが多いようです。**彼らにとって家庭はリラックスの場。そんな安息の時間にまで、気張って話をしたくないというのが本音です。**1日分の話したいことを用意して待ちかまえている妻に対して、できるだけ手を抜きたい夫。これではすれ違わないほうが不思議というものです。

私の友人に、仕事を終えて帰宅する際、自宅のドアの前で「さあもうひと仕事！」と頬をたたいて気合いを入れるという男がいますが、家庭円満のためにはこれぐらいの努力が必要とも言えます。

そうか！こう言えばよかったんだ！

男→女　帰宅してすぐに、妻から声をかけられた

女「おかえりなさい。今日は会社、どうだった？」

男**「そういえば一人、別の部署から異動してきた奴がいてね」**

女「へえ〜。どんな人？」

男性にとっては取るに足らないささいなことでも、会話の時間を持てることで女性は安心します。

女→男　夫に話しかけているのに、返答が上の空

女**「5分だけ、話を聞いてほしいんだけどいい？」**

男「うん、いいよ」

時間を区切って「アドバイスはいらないから聞いてほしい」と持ちけると、男性は対応しやすくなります。

このひとことでうまくいく！ 使える簡単フレーズ

「あいづち」

男
↓
女

○「そうなんだねー」

○「ほんとに！？」

○「それはビックリだね」

女
↓
男

○「確かに！」

○「なるほどねー」

○「それでそれで？」

話を聞くうえで、あいづちは大事なテクニック。男性はつい「なんで」と問い詰めてしまいがち。優しく、情感をこめてあいづちを打ちましょう。女性は男性の話のわかりやすさをほめるようなニュアンスのあいづちを。

男は覚えない
女は忘れない

この言い方では100％モメる！

男→女｜妻から結婚前の思い出話をされた

女「そういえば、結婚する前、
あなたが○○って言ってくれたことがあったわよね」

男**「そんなことあったっけ？」**

女「……」

女→男｜結婚記念日を忘れた夫。
ケンカ後に、夫から謝られた

男「今回のことは、俺が悪かったよ」

女**「今回だけじゃないわよ！
あのときも、あなたは
そうだったじゃない！」**

男「……」

「2人の思い出を忘れてしまう」と夫に腹を立てている妻は少なくありませんが、男はすぐ忘れるというより、そもそも覚えることができないのかもしれません。**「初めてのデートのとき、こんな話をしたよね！」「この店で、こんなこと言われたよね」などと言われても、男は記憶に残っていないことがほとんどです。**

というのも、脳科学の分野では「心が揺さぶられたときほど、深く記憶に残り、鮮明によみがえる」と言われています。そもそも男性は、あまり「心を揺さぶられる」経験をしていないのではないでしょうか。

一方で女性は、感情とともに何かを記憶するのが得意です。そして嬉しい時や激しく怒ったときに、一気にその記憶が脳内に展開します。瞬間冷凍された記憶が一気に解凍されるようなものです。

「そういえば、あのときも！」と女性が過去のことを思い出して怒り始めたら、それはスイッチが入ってしまった証拠。いったんこうなったら、男性は「うわぁ、女の人の頭ってすごいなぁ」と他人事のように考えつつ、表面上は神妙にして嵐が過ぎるのを待つしかありません。

そうか！こう言えばよかったんだ！

男→女 | 妻から結婚前の思い出話をされた

女「そういえば、結婚する前、
あなたが○○って言ってくれたことがあったわよね」

男**「そうだったね。あのときは、楽しかったね」**

女「あの言葉、嬉しかったなあ」

せっかく女性が嬉しそうに話しているのであれば、男性は話の腰を折らずに同意してあげましょう。

女→男 | 結婚記念日を忘れた夫。ケンカ後に、夫から謝られた

男「今回のことは、俺が悪かったよ」

女**「これからは、忘れないでね」**

男「気をつけるよ（カレンダーにメモる）」

忘れてほしくないことは、「これは覚えておいて」と言うべき。そうすれば、男性は素直に覚えようとします。

図解でわかる男女の違い

「覚える」と「憶える」

男は記録して覚える

女は記憶して憶える

男は記録して意図的に「覚える」

女は心が揺さぶられると、自動的に「憶える」

デートの記憶は曖昧になってしまう男性。しかし、無機質な数列を単純に丸暗記するのはむしろ男性のほうが得意。思い出も写真に撮ったりすればかろうじて思い出せます。女性は心が動いた経験を自動的に記憶します。ただ、その精度は必ずしも高いとは言えません。「私にはこう見えた」「私にはこう聞こえた」という話し方を心がけましょう。

家庭編⑩　ドライブ

男は道を聞かない
女は道を調べない

この言い方では100％モメる！

男→女　｜妻とドライブ中、いろいろ気になってきて……

男「**いつ着く？　この道合ってる？　左が危ない！**」

女「うるさいな〜。
この道、適当に行けば着くから」

女→男　｜夫とドライブ中、道に迷ってしまった

女「**さっきから同じところ回ってるよね？　誰かに道聞いたら？**」

男「うるさいな！　少し黙っててよ」

男は基本的に「知っていること」しかできません。初めて取り組む仕事にしろ、行ったことのないレストランにしろ、男は事前にできるだけ「知ろう」と調べますし、予備知識がないと落ち着かないのです（この傾向はいわゆる優等生タイプに多いでしょう）。

一方、女は直感で新しい物事に飛び込みます。知らないことを前にしても「楽しそう」と挑戦しますし、見よう見まねで「とりあえずやってみたほうが早い」と行動力を発揮。もちろんその半面、無駄も多いし、周囲の人に伝承するのも苦手（何しろ、それぞれが毎回フレッシュに挑戦しようとするのですから）。

この「検索して把握することで安心する」男性と、「とにかく直感でやってみる」女性の差が際立つのが、車の運転。男性が頑として道を聞きたがらないのには「人に教えてもらうのは負け（調べ切れなかった自分の責任）」という気持ちがあるから。その心理を知っていれば、少しはその頑固さもかわいく見えるでしょうか。

一方、男性は女性が運転する車の助手席に座ると、つい教官のようにあれこれ口出ししたくなります。というのも、自分の方が運転が上手だと過信しているから。

いずれの場合でも車の運転においては常にドライバーに主導権があることを意識しましょう。これだけでも、ドライブ中のケンカはずいぶん減るはずです。

そうか！こう言えばよかったんだ！

男→女 | 妻とドライブ中、いろいろ気になってきて……

男「道、調べてみるね。
次を右みたいだよ」

女「ありがとう！（実はちょっと不安だった）」

男性は運転している女性に敬意を払い、道をスマホで調べるといった形で役に立ちましょう。

女→男 | 夫とドライブ中、道に迷ってしまった

女「私、あの人に道聞いてくるね！」

男「ありがとう（助かる）」

男は「人に聞くのは恥」と思っているので、その役割は人とのやりとりが得意な妻が引き受けましょう。

このひとことでうまくいく！ 使える簡単フレーズ

「ドライバーへ」

男↓女

- ○「景色、きれいだね」
- ○「安全運転で行こう！」
- ○「疲れてない？」

女↓男

- ○「……（静かにする）」
- ○「道、私が聞きにいこうか？」
- ○「順調だね」

運転する女性には気づかいを。指示やアドバイスは控え目にします。一方運転する男性には、励ましを。目についた景色を「あれ、きれい！」と言い立てるのは男性の集中力を妨げるのでよしましょう。

男の子にはゴール＆ルールを
女の子にはトライ＆エラーを

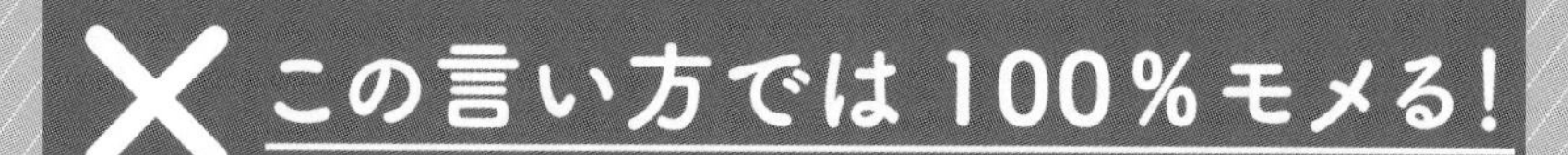

この言い方では100％モメる！

男→女　学芸会で娘の劇を見た父親が……

男「主役の子よりも、
○○ちゃんのほうが
かわいいのに」

女「……」

女→男　レストランで騒ぎ出す息子に向かって
母親が……

女「どうしてちゃんとできないの！」

男「……」

たとえ子どもであっても、男の子は「男」、女の子は「女」です。彼／彼女たちは、子どもの頃から、大きな考え方の差を持って生活していることが、研究の結果わかっています。

男の子もやはり、明確なゴール設定を好みます。そんな彼らに「ちゃんとしてほしい」「マナーを守ろうね」などの曖昧な言葉は通じません。**具体的にしてほしいことを指令として与え、実行させるのがいいでしょう。**

ある友人は小さい息子に「女性をエスコートする作法は、今後社会で必要とされる能力だから、必ず身につけなさい」と伝えています。確かに「女の子に優しく」などと言わず「技術だと思って習得しなさい」と伝えたほうが、男の子には効きそうです。

女の子には、幼いうちから自己肯定感を育むことが重要と言われています。けれども、やみくもにほめられ「自分は特別なんだ」と勘違いして育つと、大人になってから苦しむことになります。

女の子にはいろんな可能性を試させましょう。小さな失敗に慣れさせるのです。フットワークのいい行動力こそが一生モノの自信につながります。

そうか！こう言えばよかったんだ！

男→女 | 学芸会で娘の劇を見た父親が……

男「上手だったね。今度は劇だけじゃなくて、ダンスもやってみる？」

女「うん、私、踊るほうが得意なんだ」

小さな女の子たちも「容姿」「友達」「家の裕福度」などで、互いをさまざまに比べ合っています。それを助長することなく、常に新しい挑戦を促しましょう。

女→男 | レストランで騒ぎ出す息子に向かって母親が……

女「あと10分でアイスが出てきます。それまでじっとしていられるかな？」

男「うん！」

男の子はテーブルマナーでも、掛け算の九九でも、ルールのあるゲームだと思えば、集中して取り組みます。兄弟姉妹や他の子と競わせるのも有効な手だてです。

このひとことでうまくいく！ 使える簡単フレーズ

「子どものしつけ方」

男↓女

〇「助かったよ」

〇「嬉しいな」

〇「頑張ったね」

女↓男

〇「リーダーに任命します！」

〇「〇時までにやろう」

〇「すごい！」

男の子と女の子にかける言葉は、この本の集大成と言ってもいいでしょう。男の子には「ゴール」「肩書き」を明言し、女の子には「過程」「気持ち」を共感します。

まだまだある!

家庭で使える 男と女のキラーフレーズ

Scene 01 ／ プレゼント

男→女

× 男「今度の誕生日、またあの店行かない?」
女「え、また?」

○ 男「別に記念日とかじゃないけど、花、買ってきたよ」

女→男

× 女「今度の誕生日、いいお店予約したから!」
男「ふーん」

○ 女「誕生日は、おうちでガッツリ焼き肉ね!」

●男は肉を喜ぶ　女は花を喜ぶ

記念日に特別なことをしなくても、男は実用的なものや、好物料理を嬉しく感じます。特に肉には、本能的に惹かれます（笑）。一方女性は、モノよりもロマンチックな雰囲気を求めています。「花を贈られる」ということは、それだけで嬉しいもの。それが予期せぬタイミングであればなおさらです。

Scene 02 ／ 服装を決める

男→女

✕ 男「早く決めろよ！　なんでも一緒だろ？」
女「……（ひどい）」

○ 男「どっちもいいから迷うね。どうしようか？」

女→男

✕ 女「迷っちゃうなー。決められないー」
男「……（なんで？）」

○ 女「一緒に迷いたいから、選ぶのに付き合ってほしい」

●男は決めたい　女は迷いたい

出かける前の仕度ほど、男がイライラするシーンはありません。解決のポイントは、女は単に「迷いたい」のだということ。腹をくくってとことんつきあいましょう。多少予定に遅れようとも、妻が不機嫌になるよりはマシなはずです。

Scene 03 ／ 今日あったことを伝える

男→女

✕ 男「で、結局何が言いたいの？」
女「……（ひどい）」

○ 男「それは困った（うれしかった）ね」

女→男

✕ 女「そのとき○○さんがこう言ってきてね、それで私は……」
男「うーん」

○ 女「「○○さんと言い合いになった」っていう話なんだけど〜」

●男は答えを知りたい　女は答えは知らない

結論・ゴール・オチがない話は、男にとって苦痛そのもの。アレルギーと言ってもいいでしょう。答えを探るのをやめて、ただ聞くことに徹すれば苦痛は和らぎます。女は、男のためになるべく「答えのようなもの」を口にしましょう。

Scene 04 ／ お手伝い

男↓女

× 男「何すればいい？」
女「……」

○ 男「洗い物するよ。これから洗えばいい？」

女↓男

× 女「なんで、なにも手伝ってくれないの!?」
男「……」

○ 女「出かける前に洗い物を終えちゃいたいから、食器用スポンジで汚れが少ないものから洗ってくれる？」

●男はボーっとしている　女はイライラしている

家事の分担は仕事の進め方と似ています。男は「指示待ち部下」にならないように。動きながら指示をあおぎましょう。女は「丸投げ上司」にならないように。具体的に指示を出します。

Scene 05 ／ 一緒に掃除をする

男↓女

× 男「ちょっとどいて！」
女「……」

○ 男「ごめん、ちょっと通るよ～」

女↓男

× 女「今、それやらなくてもいいでしょう？」
男「……」

○ 女「今、こっち散らかってるから、先にあっちやってもらえる？」

●男は周りが見えない　女は終わりが見えない

効率重視の男は、家事もやっつけ仕事。自分の分をさっさと終わらせようとします。相手のペースにも配慮することを忘れずに。一方、女はバランスを見ながら丁寧にやりたい。下手するとエンドレスなので夫と足並みを合わせながらどこかで切り上げるようにしましょう。

Scene 06 ／ 夫の趣味

男→女

× 男「見て！　これで全シリーズそろったんだ!!」
女「へー」

○ 男「集めるの大変だったんだよね！」

女→男

× 女「そんなことに熱中して、バカじゃないの？」
男「……」

○ 女「すごいじゃん！　よく頑張った（笑）」

●男は集めたい　女は集めたくない

男性のコレクター心は、なかなか女性には理解されません。壮観な見栄えを自慢してもムダなので、せめて途中の苦労話をアピールすれば、「すごいね」と言ってもらえるかも。

Scene 07 ／「男らしさ」と「女らしさ」

男→女

× 男「ちょっとは女らしくしろよ」
女「……」

○ 男「たまにはデートでもしようか」

女→男

× 女「男のくせに、細かいこと言わないの」
男「……」

○ 女「ちゃんとチェックしてくれて助かる」

●男はすねる　女はむくれる

世の中は、豪快でおおらかな男ばかりではありませんし、控え目でしおらしい女ばかりでもありません。真正面から「〜らしさ」を押しつけるのではなく、変化球で攻めましょう。

Scene 08 ／ 面倒なことの依頼

男→女

✕ 男「これ、明日着るから、アイロンかけて」
女「何よ、急に！」

○ 男「明日、恥ずかしくない格好で行きたいんだ」

女→男

✕ 女「ご近所の手前もあるから、草むしりに行って」
男「……」

○ 女「ペナルティがあるから、草むしりに行って」

●男は大義名分　女は世間体

女は世間体を気にするので、「恥ずかしい」「みっともない」という価値観があります。一方男は「そんなもの意味ない」と開き直っているので、「ルールだから」「子どものために」など、大義名分を用意しましょう。

Scene 09 ／ 妻の妊娠

男→女

✕ 男「ごはんは？」
女「は？（私食べないんですけど）」

○ 男「今日は外で食べてこようか？」

女→男

✕ 女「話しかけないで！」
男「……」

○ 女「○週目は吐き気がひどいから、辛いです」

●男は変わらない　女はより女に

妊娠中は女が短気になる時期。爆発物の取り扱いにも似たより一層の気づかいが必要になります。一方、女もなるべく冷静に。ピンチであることをきちんと説明して、協力をあおぎましょう。

おわりに

街中で大きな声で言い争う男女や夫婦を見かけることがあります。

「なんでそういう言い方するの？」

「おい、聞いてるのかよ⁉」

そうしたいさかいの多くは、埋まりっこない価値観の違いなんかではなく、ちょっとした誤解・行き違いのせいで起きていることがほとんどです。

そもそも、人と人はそう簡単にはわかり合えません。

特に男と女であれば、育ってきた環境や価値観も異なるので「わかり合えない」ことを前提に話をする必要があります。

男は懸命に「察し」ようとし、女はサボらずに「説明」しようとしなくてはいけない。そうやって初めて、ほんの少しだけわかり合える（かもしれない）。それが人間関係というものです。

ところが、そうした頑張りは長続きしません。大切な仕事相手や恋人同士ならまだしも、苦手な人や冷めてしまった相手であれば、面倒くさくて手を抜きたくもなるでしょう。そうやっていつしか行き違いが生まれ、やっかいなトラブルに発展するというわけです。

さて、そんなときに心がけるべきこととは、一体なんでしょうか？

多くの人が勘違いをしていますが、間違っても、本音と本音をガチンコでぶつけ合うことではありません。

大事なのはモメないこと、誤解させないこと。なにはともあれ、平和に穏便に会話を交わすことです。

本書で挙げた言い回しはどれも、小手先のテクニックに過ぎないかもしれません。

ですが、断言しましょう、最初はそれで構わないのです！
コミュニケーションとは「技術」です。センスや真心ではありません。人間関係とは「演技」です。本音でぶつかり合うだけが正解ではありません。
まずは目の前の相手とケンカしないこと。お互いにイラッとさせないこと。モメる雰囲気を感じたら、相手に伝わりやすい言葉を話すこと。そうやって少しずつやりとりを重ねていけば、自然と印象もよくなっていきます。「なんだ、そういうことだったのか」と誤解も解けることでしょう。
なにも、最初から壁を乗り越えなくていい。とりあえずは「モメないひとこと」を言っておけばいい。覚えた言葉をそのまま口にしておけばいいのです。
繰り返しになりますがコミュニケーションは技術ですから、徹底した反復練習が必要。そのための「型」や「お手本」として、ぜひ本書の会話例を使ってみてください。再び断言しましょう、その効果は絶大です！

＊＊

最後に、そうやって会話すべき相手はなにも異性に限りません。

それはそうですよね。気の合わない人・イライラする相手は、異性でも同性でも世の中にたくさんいます。その人たち相手にも、「とりあえず言っておく」のは効果があります。

「男」「女」は、「考え方の違う人」「自分の対極にある人」のたとえ話に過ぎません。

「自分とは違う人とどう話すべきか」「価値観の違いはどうやったら埋まるのか」。その答えが、本書『「察しない男」と「説明しない女」のモメない会話術』には詰まっています。

うまくいくまで、何度でも繰り返し練習してください。健闘を祈っています！

２０１５年８月

五百田達成

「察しない男」と「説明しない女」のモメない会話術

発行日　2015年8月30日　第1刷

Author　五百田達成

Illustrator　高旗将雄
Book Designer　小口翔平＋三森健太(tobufune)

Publication　株式会社ディスカヴァー・トゥエンティワン
〒102-0093 東京都千代田区平河町2-16-1 平河町森タワー11F
TEL　03-3237-8321(代表)
FAX　03-3237-8323
http://www.d21.co.jp

Publisher　干場弓子
Editor　大山聡子(編集・執筆協力　佐藤友美)

Marketing Group
Staff　小田孝文　中澤泰宏　片平美恵子　吉澤道子　井筒浩　小関勝則
千葉潤子　飯田智樹　佐藤昌幸　谷口奈緒美　山中麻吏　西川なつか
古矢薫　伊藤利文　米山健一　原大士　郭迪　松原史与志　蛯原昇
中山大祐　林拓馬　安永智洋　鍋田匠伴　榊原僚　佐竹祐哉　塔下太朗
廣内悠理　安達情未　伊東佑真　梅本翔太　奥田千晶　田中姫菜
橋本莉奈　川島理　倉田華　牧野類　渡辺基志
Assistant Staff　俵敬子　町田加奈子　丸山香織　小林里美　井澤徳子　橋詰悠子
藤井多穂子　藤井かおり　葛目美枝子　竹内恵子　清水有基栄　小松里絵
川井栄子　伊藤由美　伊藤香　阿部薫　常徳すみ　三塚ゆり子
イエン・サムハマ　南かれん

Operation Group
Staff　松尾幸政　田中亜紀　中村郁子　福永友紀　山﨑あゆみ　杉田彰子

Productive Group
Staff　藤田浩芳　千葉正幸　原典宏　林秀樹　三谷祐一　石橋和佳　大竹朝子
堀部直人　井上慎平　松石悠　木下智尋　伍佳妮　賴奕璇

Proofreader　文字工房燦光
DTP　朝日メディアインターナショナル株式会社
Printing　中央精版印刷株式会社

ISBN978-4-7993-1762-4